CW00455367

CONTENTS

INTRODUZIONE

La Cina, conosciuta anche come la Repubblica Popolare Cinese, è una delle nazioni più antiche e culturalmente ricche al mondo. Situata nell'Asia orientale, la Cina si estende su un vasto territorio e offre un'incredibile diversità geografica, culturale e storica. Questa guida completa si propone di essere la tua porta d'accesso per esplorare tutte le meraviglie che questo straordinario paese ha da offrire.

Panoramica sulla Cina

La Cina è una terra di contrasti sorprendenti. Da una parte, è una moderna potenza economica con città affollate e grattacieli futuristici che competono con le metropoli di tutto il mondo. Dall'altra, è ancorata alle sue tradizioni millenarie, con una cultura che risale a secoli di storia. Questa doppia natura, una combinazione di passato e futuro, rende la Cina un luogo di grande fascino.

La Cina è celebre per la sua cucina variegata, che spazia dalle deliziose prelibatezze servite nei ristoranti stellati Michelin ai cibi di strada fragranti e saporiti. La cucina cinese è un'esperienza culinaria unica che riflette l'ampia diversità geografica del paese.

Le bellezze naturali della Cina sono altrettanto spettacolari. Dai maestosi picchi delle montagne alle spettacolari gole dei fiumi, dai deserti senza fine alle pianure fertili, c'è una vasta gamma di paesaggi da esplorare. Inoltre, la Cina ospita alcuni dei parchi nazionali più affascinanti al mondo.

La storia cinese è intrisa di leggende, dinastie, guerre e rivoluzioni. La Grande Muraglia, uno dei simboli più iconici del paese, testimonia la lunga storia di difesa e conquista. Nel corso dei secoli, la Cina ha visto imperatori, filosofi, esploratori e artisti che hanno contribuito a plasmare la sua identità.

Questo viaggio attraverso la Cina ti porterà a scoprire l'incantevole fusione tra passato e presente, tradizione e innovazione, natura e cultura. Che tu sia un viaggiatore in cerca di avventura, un appassionato di storia e cultura, un amante del cibo o semplicemente desideroso di scoprire i segreti di questo vasto paese, questa guida completa è qui per aiutarti a pianificare e vivere un'esperienza straordinaria nella terra della Cina.

2. Motivazioni per visitare la Cina

La Cina è una destinazione turistica straordinaria che attrae visitatori da tutto il mondo per una serie di motivi affascinanti. Ecco alcune delle principali motivazioni per visitare questo affascinante paese:

a. **Patrimonio Culturale e Storico:** La Cina vanta una ricca storia che abbraccia millenni. L'antica civiltà cinese ha prodotto opere d'arte, architettura e filosofia che hanno avuto un impatto significativo sulla cultura mondiale. Visitare la Cina significa immergersi in un patrimonio culturale straordinario, esplorando siti storici come la Città Proibita, i templi millenari, la Grande Muraglia e l'esercito di terracotta di Xi'an. Questi luoghi offrono una prospettiva unica sulla storia, la religione e la filosofia cinese.

b. **Cucina Eccezionale:** La cucina cinese è rinomata in tutto il mondo per la sua varietà, complessità e deliziosi sapori. Ogni regione della Cina ha la propria cucina distintiva, e i viaggiatori possono gustare piatti famosi come l'anatra alla pechinese, il dim sum di Canton e i noodles di Sichuan. Inoltre, provare il cibo di strada in mercati locali è un'esperienza culinaria da non perdere.

c. **Paesaggi Spettacolari:** Dalle cime delle montagne coperte di neve alle gole profonde e ai paesaggi di campagna, la Cina offre una varietà straordinaria di paesaggi naturali. Escursioni lungo la Grande Muraglia, attraverso le riserve naturali di Jiuzhaigou o nelle valli di Zhangjiajie ti porteranno in luoghi di bellezza mozzafiato. La Cina è anche famosa per i suoi fiumi pittoreschi, come il Fiume Li e il Fiume Yangtze.

d. **Tradizioni e Festività:** La Cina celebra una serie di affascinanti festività e tradizioni culturali, tra cui il Capodanno cinese, il Festival delle lanterne e il Duanwu Festival delle barche dragoni. Partecipare a queste festività offre una visione unica delle usanze e delle credenze cinesi e può essere un'esperienza coinvolgente.

e. **Modernità e Innovazione:** Le città cinesi come Pechino, Shanghai e Shenzhen sono epicentri dell'innovazione e dello sviluppo tecnologico. Visita la Cina per vedere il connubio affascinante tra la sua ricca tradizione e la modernità, esemplificata da grattacieli, metropolitane all'avanguardia e un vivace paesaggio urbano.

f. **Natura e Avventura:** La Cina offre una vasta gamma di attività all'aperto, tra cui trekking, arrampicata, rafting, e esplorazione di grotte.

I parchi nazionali cinesi sono ideali per gli amanti della natura e dell'avventura.

Indipendentemente dalle tue passioni e interessi, la Cina offre un'ampia gamma di esperienze che sicuramente soddisferanno la tua curiosità e la tua voglia di scoprire un mondo di straordinaria diversità culturale e naturale. **3. Informazioni pratiche per i viaggiatori**

Passaporto e Visto:

Per viaggiare in Cina, è essenziale disporre di un passaporto valido con almeno sei mesi di validità residua al momento dell'arrivo nel paese. La maggior parte dei viaggiatori stranieri richiede un visto cinese, quindi è importante ottenere il tipo di visto appropriato in anticipo. Le procedure variano in base al tuo paese di residenza, quindi è consigliabile contattare l'ambasciata o il consolato cinese per ulteriori dettagli sul processo di richiesta del visto.

Lingua:

L'idioma ufficiale della Cina è il cinese mandarino. Mentre nelle principali destinazioni turistiche, come Pechino e Shanghai, è possibile trovare persone che parlano inglese, in molte parti del paese la conoscenza dell'inglese potrebbe essere limitata. Imparare alcune frasi di base in cinese, come "saluto" e "grazie," può facilitare la comunicazione e migliorare l'esperienza di viaggio.

Valuta:

La valuta ufficiale in Cina è il Renminbi (RMB), comunemente chiamato yuan (¥). Prima di partire, assicurati di scambiare la tua valuta in yuan, poiché l'uso del contante è molto diffuso. Gli sportelli bancomat sono ampiamente disponibili nelle città principali, e le carte di credito internazionali sono generalmente accettate in hotel, ristoranti e negozi di fascia alta. Tuttavia, è consigliabile sempre avere contanti a portata di mano per le spese quotidiane.

Clima e Abbigliamento:

Il clima in Cina varia notevolmente da regione a regione. Prima di partire, verifica le condizioni climatiche della zona che intendi visitare e prepara il tuo bagaglio di conseguenza. In generale, assicurati di avere abbigliamento adatto alle stagioni e considera di portare abbigliamento adeguato se prevedi di esplorare luoghi in alta montagna o zone desertiche.

Sicurezza e Salute:

Assicurati di avere una copertura assicurativa sanitaria valida per il periodo del tuo viaggio in Cina. Verifica se sono richiesti vaccini specifici e segui le linee guida sulla sicurezza fornite dal governo del tuo paese o dal Ministero degli Esteri cinese. Mantieni una copia dei tuoi documenti importanti, inclusi il passaporto e il visto, in un luogo sicuro.

Comunicazione:

Se desideri rimanere connesso durante il viaggio, puoi acquistare una scheda SIM locale per il tuo telefono. Le principali città cinesi offrono una buona copertura di rete mobile e Wi-Fi, ma in alcune zone remote potresti sperimentare una connessione limitata.

Tenendo conto di queste informazioni pratiche, puoi pianificare e prepararti per un viaggio indimenticabile in Cina, esplorando la sua ricca cultura, la sua storia affascinante e i suoi paesaggi mozzafiato.

CAPITOLO 1: STORIA E CULTURA

1. Storia antica e dinastie cinesi

La storia della Cina è una delle più antiche e affascinanti al mondo, con radici che affondano in millenni di evoluzione politica, culturale e sociale. Uno dei pilastri fondamentali della storia cinese è la successione di dinastie che hanno governato la regione per secoli. Ecco una panoramica delle dinastie più significative nella storia antica cinese:

a. **Dinastia Xia (circa 2100-1600 a.C.):** La Dinastia Xia è spesso considerata la prima dinastia cinese, anche se la sua esistenza è stata oggetto di dibattito tra gli storici. È associata al leggendario Imperatore Yu, noto per il suo ruolo nella gestione delle inondazioni del Fiume Giallo.

b. **Dinastia Shang (circa 1600-1046 a.C.):** La Dinastia Shang fu la prima dinastia storicamente documentata in Cina. È famosa per i suoi caratteri oracolari su ossa di tartaruga e gusci di tartaruga, che rappresentano una delle prime forme di scrittura cinese.

c. **Dinastia Zhou (1046-256 a.C.):** La Dinastia Zhou è divisa in due periodi principali: il periodo delle Zhou Occidentali e il periodo delle Zhou Orientali. Questa dinastia ha avuto un'enorme influenza sulla cultura e sulla filosofia cinese, con figure come Confucio e Laozi.

d. **Dinastia Qin (221-206 a.C.):** La Dinastia Qin è nota per la unificazione della Cina sotto il Primo Imperatore Qin Shi Huang, che ha introdotto misure standard per la scrittura, la moneta e le strade. È famosa anche per la costruzione della Grande Muraglia.

e. **Dinastia Han (206 a.C. - 220 d.C.):** La Dinastia Han è uno dei periodi più importanti della storia cinese. Durante questo periodo, la Cina ha visto lo sviluppo della Via della Seta, che ha facilitato lo scambio culturale e commerciale tra la Cina e il mondo esterno.

f. **Periodo delle Sei Dinastie (220-589):** Questo periodo è caratterizzato da una serie di dinastie che si sono succedute rapidamente, portando a instabilità politica e conflitti interni.

g. **Dinastia Sui (589-618) e Dinastia Tang (618-907):** La Dinastia Tang è considerata uno dei periodi d'oro della cultura cinese, noto per la sua prosperità, l'arte, la poesia e le conquiste territoriali. Durante la Dinastia Tang, la Cina è stata un faro di cultura e progresso.

Queste sono solo alcune delle dinastie più importanti nella storia antica cinese. Ogni dinastia ha lasciato un'impronta unica sulla cultura, sulla politica e sulla società cinese, contribuendo a plasmare l'identità nazionale e le tradizioni che persistono ancora oggi. Nella guida successiva, esploreremo ulteriormente il ruolo di filosofi come Confucio e Laozi, così come le influenze culturali che hanno lasciato un segno indelebile sulla Cina.

2. L'influenza del confucianesimo, del taoismo e del buddhismo

Nella storia e nella cultura cinese, tre filosofie e religioni hanno avuto un'influenza profonda e duratura: il confucianesimo, il taoismo e il buddhismo. Queste tradizioni hanno contribuito a modellare la mentalità, l'etica e la spiritualità cinese. Ecco come ciascuna di esse ha influenzato la Cina:

a. Confucianesimo:

Il confucianesimo è un sistema filosofico e etico basato sugli insegnamenti di Confucio (Kong Fuzi o Kongzi), un noto filosofo cinese vissuto tra il 551 e il 479 a.C. Questa filosofia si concentra sull'importanza dell'etica, delle relazioni familiari, del rispetto per gli anziani e del comportamento morale. Il confucianesimo ha avuto una grande influenza sulla struttura sociale cinese, promuovendo il concetto di armonia sociale attraverso il rispetto delle gerarchie familiari e sociali.

b. Taoismo:

Il taoismo, basato sul "Tao Te Ching" di Laozi, è una filosofia che promuove l'armonia con il Tao (o Dao), un concetto astratto che rappresenta il flusso naturale e l'ordine dell'universo. Il taoismo enfatizza il ritorno alla natura, la semplicità e il vivere in accordo con il fluire del Tao. Questa filosofia ha influenzato l'arte, la medicina tradizionale cinese e la pratica di tai chi.

c. Buddhismo:

Il buddhismo è una religione nata in India ma che ha trovato terreno fertile in Cina. L'insegnamento del Buddha Siddhartha Gautama si basa sul concetto del raggiungimento dell'illuminazione (nirvana) attraverso la saggezza e la compassione. Il buddhismo ha avuto un'enorme influenza sulla spiritualità cinese, portando a una sincretizzazione con le credenze locali e alla creazione di scuole buddhiste cinesi uniche. Durante il periodo delle Dinastie del Nord e del Sud e la Dinastia Tang, il buddhismo è diventato un elemento fondamentale della vita culturale cinese.

L'influenza di queste tre tradizioni è visibile in vari aspetti della cultura cinese, inclusi i rituali, le arti marziali, la medicina tradizionale cinese, la calligrafia e la pittura, nonché nelle credenze etiche e morali dei cinesi. Queste filosofie e religioni hanno contribuito a creare un tessuto culturale ricco e complesso che continua a influenzare la vita quotidiana e il pensiero dei cinesi oggi.

3. Rivoluzione cinese e fondazione della Repubblica Popolare Cinese

La rivoluzione cinese è un capitolo cruciale nella storia della Cina moderna ed ha portato alla fondazione della Repubblica Popolare Cinese, uno degli eventi più significativi del XX secolo. Ecco un riepilogo di questo importante periodo storico:

a. Antefatti:

La fine dell'ultima dinastia imperiale cinese, la Dinastia Qing, nel 1911, segnò l'inizio di cambiamenti significativi nel paese. L'Imperatore Pu Yi abdicò, ponendo fine a oltre duemila anni di governo dinastico in Cina. Questo periodo di turbolenza politica e sociale è noto come la Rivoluzione Xinhai e ha portato alla creazione della Repubblica di Cina, ma anche a un periodo di caos e divisioni nel paese.

b. Guerra civile:

Dopo la Rivoluzione Xinhai, la Cina ha conosciuto un periodo di instabilità e divisione politica. Il Paese era diviso tra signorie militari e forze warlord, e la guerra civile era comune. Il Partito Nazionalista Cinese, guidato da Chiang Kai-shek, cercò di unificare il paese e stabilire un governo centralizzato.

c. Rivoluzione Comunista:

Nel frattempo, il Partito Comunista Cinese (PCC), guidato da Mao Zedong, aveva guadagnato forza attraverso la rivoluzione agraria e il sostegno delle popolazioni rurali. La rivoluzione comunista culminò nella Lunghua-Jiangxi Soviet, un'area controllata dai comunisti. Nel 1934, le forze comuniste intrapresero la "Lunga Marcia" per sfuggire all'offensiva delle forze nazionaliste.

d. La Seconda Guerra Mondiale:

La Seconda Guerra Mondiale ebbe un impatto significativo sulla Cina. Il paese fu invaso dall'Impero giapponese nel 1937, e i cinesi combatterono duramente contro l'occupazione. La Cina ricevette il sostegno degli Alleati, inclusi gli Stati Uniti, contro l'Impero giapponese.

e. Fondazione della Repubblica Popolare Cinese:

Dopo la sconfitta dell'Impero giapponese nella Seconda Guerra Mondiale, la guerra civile cinese riprese. Nel 1949, il PCC, con Mao Zedong come suo leader, ottenne la vittoria contro il

Partito Nazionalista Cinese. Il 1° ottobre 1949, Mao proclamò la fondazione della Repubblica Popolare Cinese a Pechino, ponendo fine a quasi un secolo di turbolenza politica.

La fondazione della Repubblica Popolare Cinese rappresentò un cambio radicale nella storia cinese, portando alla creazione di uno stato socialista con Mao come suo leader. Questo periodo è stato caratterizzato da profonde trasformazioni politiche, economiche e sociali, tra cui la riforma agraria, il Grande Balzo in Avanti e la Rivoluzione Culturale. La Cina avrebbe continuato a evolversi in anni successivi, diventando una potenza economica globale e un attore geopolitico chiave.

4. La Grande Muraglia

La Grande Muraglia cinese è uno dei simboli più iconici della Cina e uno dei siti storici più noti al mondo. Questo imponente sistema difensivo, che si estende per migliaia di chilometri attraverso il paese, ha una storia affascinante e rappresenta un'importante testimonianza della grandezza e della maestria ingegneristica cinese. Ecco un'ampia panoramica della Grande Muraglia:

a. Storia e Scopo:

La costruzione della Grande Muraglia cinese iniziò più di duemila anni fa, durante il periodo delle dinastie Qin e Han, ma fu ampliata e restaurata da molte dinastie successive. Originariamente, fu costruita come difesa contro le invasioni dei popoli nomadi del nord, come gli Xiongnu e i Mongoli. La Grande Muraglia aveva lo scopo di proteggere gli stati cinesi dalle incursioni e rappresentava un importante baluardo contro le minacce esterne.

b. Estensione e Segmenti:

La Grande Muraglia si estende per oltre 21.000 chilometri e attraversa diverse province cinesi. È costituita da vari segmenti costruiti in epoche diverse e con materiali diversi, tra cui mattoni, pietre, terra battuta e legno. Tra i segmenti più famosi ci sono la Grande Muraglia di Badaling, la Grande Muraglia di Mutianyu, e la Grande Muraglia di Jinshanling.

c. Architettura e Ingegneria:

La Grande Muraglia è una straordinaria opera di ingegneria che include torri di avvistamento, rampe, scale, strade, e passaggi segreti. Le torri di avvistamento erano posizionate strategicamente per segnalare l'arrivo di nemici e permettere alle truppe di muoversi rapidamente lungo la muraglia. La sua costruzione richiedeva un'enorme quantità di manodopera, con milioni di operai che lavoravano in condizioni spesso difficili.

d. Significato Culturale:

La Grande Muraglia cinese rappresenta non solo un'opera di difesa militare ma anche un'icona culturale e nazionale. È stata inserita nell'elenco dei Patrimoni dell'Umanità dell'UNESCO ed è una destinazione turistica popolare sia per i viaggiatori cinesi che per quelli internazionali. La sua maestosità e la sua storia suscitano ammirazione e curiosità in tutto il mondo. **e. Visita alla Grande Muraglia:**

La Grande Muraglia è facilmente accessibile da Pechino, con molte sezioni visitabili. I visitatori possono scalare le torri, godere di panorami mozzafiato e immergersi nella storia e nell'architettura di questa straordinaria struttura. Le visite di solito includono un'escursione a piedi o in funivia e la possibilità di apprezzare la magnificenza della muraglia e della campagna circostante.

La Grande Muraglia è un simbolo di perseveranza e un monumento alla grandezza della civiltà cinese. La sua visita offre un'opportunità unica per esplorare la storia millenaria della Cina e ammirare l'ingegnosità umana che ha creato un tale capolavoro architettonico.

5. Tradizioni culturali cinesi: lingua, scrittura, arte e musica

La Cina è famosa per le sue ricche tradizioni culturali che si sono sviluppate lungo millenni. Questi aspetti culturali riflettono la profonda storia e la diversità del paese. Ecco una panoramica delle principali tradizioni culturali cinesi:

a. Lingua e Scrittura:

La lingua ufficiale della Cina è il cinese mandarino, ma ci sono centinaia di dialetti diversi parlati in tutto il paese. Il cinese scritto utilizza caratteri cinesi, che possono essere complessi ma espressivi. La calligrafia cinese è considerata una forma d'arte, e scrivere caratteri con grazia è altamente apprezzato. La lingua cinese ha una storia antica e una letteratura ricca che comprende classici come "Il sogno della camera rossa" e "Viaggio in Occidente."

b. Arte:

L'arte cinese comprende una vasta gamma di forme espressive, tra cui la pittura, la ceramica, la porcellana, la scultura e l'arte marziale. La pittura tradizionale cinese è spesso caratterizzata da paesaggi montani, dipinti di fiori e uccelli, nonché ritratti di figure storiche e mitologiche. La ceramica cinese è famosa per la sua bellezza e la sua tecnica raffinata. L'arte marziale cinese, come il tai chi e il kung fu, è un'altra forma d'arte che ha radici profonde nella cultura cinese.

c. Musica:

La musica cinese ha una tradizione millenaria ed è caratterizzata da una vasta gamma di strumenti musicali tradizionali. L'arpa cinese, il pipa, il guzheng e il erhu sono solo alcuni esempi. La musica tradizionale cinese può variare notevolmente da regione a regione e può essere eseguita sia in contesti solenni che popolari. La musica cinese è spesso utilizzata in cerimonie tradizionali e celebrazioni.

d. Festival e Tradizioni:

La Cina è ricca di festival tradizionali e celebrazioni. Il Capodanno cinese, anche conosciuto come la Festa di Primavera, è uno dei festival più importanti ed è celebrato con fuochi d'artificio, spettacoli di leoni e draghi, e scambio di doni. Altri festival importanti includono il Festival delle lanterne, il Duanwu Festival delle barche dragoni e il Festival di metà autunno, che è noto per i suoi deliziosi dolci di luna.

e. Moda e Abbigliamento:

La moda cinese riflette la storia e la cultura del paese. L'abbigliamento tradizionale cinese, come il qipao (cheongsam) per le donne e il changshan per gli uomini, è caratterizzato da tagli eleganti e tessuti ricchi. Oggi, la moda cinese abbraccia sia l'abbigliamento tradizionale che uno stile moderno e contemporaneo.

Queste tradizioni culturali cinesi sono profondamente radicate nella storia del paese e sono parte integrante della vita quotidiana e delle celebrazioni in Cina. Esplorare queste tradizioni offre una preziosa finestra sulla cultura, l'arte e la storia del paese.

CAPITOLO 2: GEOGRAFIA E AMBIENTE

1. Geografia fisica: montagne, fiumi e pianure

La geografia fisica della Cina è notevolmente varia e comprende un'ampia gamma di paesaggi che hanno plasmato la storia, la cultura e l'ambiente del paese.

Montagne:

La Cina ospita alcune delle catene montuose più imponenti al mondo. Tra le più famose ci sono l'Himalaya, situato nella regione del Tibet e che ospita l'Everest, la vetta più alta del mondo; i monti Kunlun, estendendosi attraverso il Tibet e la provincia dello Xinjiang; e i monti Tian Shan, situati nella regione dell'Asia centrale.

Fiumi:

I fiumi cinesi sono vitali per l'approvvigionamento idrico, l'agricoltura e i trasporti. Tra i fiumi più importanti vi sono il Fiume Giallo (Huang He), noto come il "fiume madre," e il Fiume Yangtze (Chang Jiang), il fiume più lungo della Cina e il terzo al mondo.

Pianure:

La Cina ospita diverse pianure fertili che sono state il fulcro dell'agricoltura cinese per migliaia di anni. La Pianura del Fiume Giallo è una delle più importanti e ha una lunga storia agricola.

Questi elementi geografici hanno avuto un impatto significativo sulla storia, sull'insediamento umano e sull'ecologia della Cina. Le montagne hanno influenzato le tradizioni culturali e religiose, i fiumi sono stati centrali per lo sviluppo delle civiltà e delle comunità, mentre le pianure sono state il cuore dell'agricoltura cinese. La geografia cinese è un elemento chiave nella comprensione del paese e della sua evoluzione storica.

2. Climatologia e stagioni in Cina

La Cina è un paese vasto e geograficamente diversificato che ospita una serie di climi differenti. Le condizioni climatiche variano notevolmente da una regione all'altra, con quattro stagioni ben distinte in gran parte del paese. Ecco una panoramica delle stagioni e dei climi in Cina:

a. Primavera (marzo-maggio):

La primavera è una stagione piacevole in gran parte della Cina. Le temperature iniziano a salire, e la natura si risveglia con i fiori in pieno sbocciare. Questa è una stagione ideale per visitare molte parti del paese, poiché il clima è mite e piacevole.

b. Estate (giugno-agosto):

L'estate in Cina può essere molto calda, con temperature che superano i 30°C o persino i 40°C in alcune regioni. Le regioni costiere come Shanghai e Hong Kong sono umide e calde, mentre le regioni del nord possono sperimentare estati secche e calde. Le regioni montuose, come il Tibet, offrono un rifugio dalle temperature elevate.

c. Autunno (settembre-novembre):

L'autunno è una delle stagioni più piacevoli per visitare la Cina. Le temperature sono miti, e le giornate sono spesso soleggiate.
L'autunno è noto per il suo cielo azzurro e i colori vivaci delle

foglie cadenti. Questa stagione è particolarmente popolare per visitare le montagne cinesi.

d. Inverno (dicembre-febbraio):

L'inverno in Cina può variare notevolmente in base alla regione. Il nord e il nordest del paese sperimentano inverni freddi e secchi, con temperature al di sotto dello zero, mentre il sud è generalmente mite e umido. Nelle regioni montuose, come quella del Tibet, l'inverno può essere molto freddo. Le aree come Pechino spesso sperimentano l'inquinamento atmosferico invernale. **e. Monsoni:**

Le regioni meridionali della Cina, comprese le province meridionali e la costa sud-est, sono influenzate dai monsoni. L'estate porta piogge abbondanti, mentre l'inverno è più asciutto. Questi monsoni sono particolarmente importanti per l'agricoltura, ma possono anche causare inondazioni durante la stagione delle piogge.

È importante notare che la Cina è così vasta che le condizioni climatiche possono variare notevolmente tra le diverse regioni. Prima di pianificare un viaggio, è consigliabile verificare le previsioni meteorologiche specifiche per la zona che intendi visitare. La Cina offre una varietà di esperienze climatiche, dall'escursionismo estivo nelle montagne alla contemplazione dei colori autunnali nelle valli, fino alla celebrazione del Capodanno cinese invernale.

3. Biodiversità e parchi nazionali

La Cina è una nazione caratterizzata da una straordinaria diversità geografica e climatica, che a sua volta ha contribuito a una ricca biodiversità. Il paese ospita una varietà di ecosistemi, specie animali e vegetali, molti dei quali sono unici e affascinanti. Per proteggere questa ricchezza naturale, la Cina ha istituito numerosi parchi nazionali.

La biodiversità cinese è notevole, con diverse regioni che offrono habitat per una vasta gamma di specie di flora e fauna. Alcune specie iconiche includono il panda gigante, il leopardo delle nevi, la tigre siberiana, il delfino del fiume Yangtze e il takin, un animale simile al bue.

La Cina ha istituito parchi nazionali per proteggere queste preziose risorse naturali. Alcuni dei parchi nazionali più noti includono il Parco Nazionale del Lushan, il Parco Nazionale di Zhangjiajie, il Parco Nazionale del Jiuzhaigou Valley, il Parco Nazionale di Sanjiangyuan e la Riserva Naturale di Wolong, tra gli altri.

La conservazione della biodiversità in Cina è una priorità, ma il paese affronta sfide significative, tra cui la perdita di habitat, il bracconaggio e la distruzione dell'ambiente. Tuttavia, gli sforzi di conservazione, tra cui la creazione di parchi nazionali e riserve naturali, giocano un ruolo cruciale nel preservare la ricca diversità biologica del paese.

CAPITOLO 3: PECHINO

Pechino, con una storia millenaria e una posizione di primaria importanza politica, economica e culturale, è la capitale della Cina. Questa città dinamica e affascinante offre un'ampia gamma di esperienze, dalle testimonianze della sua ricca storia alle moderne e dinamiche sfide di una metropoli in rapida crescita. Ecco una panoramica di Pechino:

a. Storia e Patrimonio:

Pechino è stata la capitale della Cina per gran parte della sua storia. È stata il cuore dell'Impero cinese durante le dinastie Yuan, Ming e
Qing. Il suo patrimonio storico è evidente in molti luoghi di interesse, tra cui la Città Proibita, il Tempio del Cielo, il Palazzo d'Estate e il Tempio Lama.

b. Monumenti Iconici:

La Città Proibita è uno dei siti più famosi al mondo. Questo maestoso palazzo imperiale è stato la residenza degli imperatori cinesi per secoli. Altri monumenti iconici includono la Grande Muraglia (nelle vicinanze), la Piazza Tiananmen, il Mausoleo di Mao Zedong e il Nido d'Uccello (Stadio Nazionale) costruito per le Olimpiadi del 2008.

c. Cultura e Arte:

Pechino è un centro culturale e artistico importante. L'opera di Pechino è una forma d'arte tradizionale cinese rinomata, con spettacoli che rappresentano storie storiche e mitologiche. La città è anche un centro per le arti visive, con gallerie e musei dedicati all'arte cinese e internazionale.

d. Cibo e Gastronomia:

La cucina di Pechino è celebre in tutto il mondo. I piatti tradizionali come l'anatra alla pechinese e gli involtini primavera sono deliziosi e popolari. La città offre anche una varietà di cucina internazionale e street food da assaporare nei mercati locali.

e. Modernità ed Espansione:

Negli ultimi decenni, Pechino è cresciuta rapidamente ed è diventata una delle metropoli più moderne al mondo. Con i grattacieli, i centri commerciali e l'innovazione tecnologica, Pechino è una città dinamica con un occhio rivolto al futuro.

f. Politica e Diplomazia:

Essendo la capitale, Pechino è il centro del governo cinese e delle relazioni internazionali. La città ospita la sede del governo centrale, il Palazzo del Popolo, e numerose ambasciate e organizzazioni internazionali.

2. La Città Proibita: Come Arrivarci dalla Stazione di Pechino

La Città Proibita, conosciuta anche come Palazzo Imperiale, è un'opera architettonica straordinaria situata al centro di Pechino, la capitale della Cina. Questo complesso storico rappresenta uno dei luoghi più iconici e culturalmente significativi della Cina e del mondo intero.

Storia:

La Città Proibita fu costruita durante il XV secolo, durante la dinastia Ming, e servì come residenza imperiale e centro politico per oltre 500 anni, fino alla fine della dinastia Qing. La sua costruzione fu un'enorme impresa che coinvolse migliaia di operai e artigiani. La struttura fu concepita come un simbolo di potere e grandezza imperiale e, al tempo stesso, come un simbolo di inaccessibilità e mistero per il pubblico, da cui deriva il nome "Città Proibita."

Architettura e Layout:

La Città Proibita è un complesso vasto, con oltre 980 edifici e 8.704

stanze, ed è circondata da un fossato e da mura massicce.
L'architettura riflette l'estetica tradizionale cinese con l'uso di materiali come legno, pietra e piastrelle di ceramica smaltata. Il complesso è noto per il suo design simmetrico e per le numerose sale e cortili che ospitavano le cerimonie ufficiali e gli affari di stato.

Ruolo Storico:

La Città Proibita era il cuore del governo cinese durante il periodo imperiale. Era la sede degli imperatori e dei loro ministri, dove venivano prese le decisioni cruciali per la nazione. Era anche il luogo in cui si svolgevano importanti cerimonie, festival e banchetti di stato.

Apertura al Pubblico:

Oggi, la Città Proibita è aperta al pubblico ed è diventata uno dei principali siti turistici di Pechino. I visitatori possono esplorare il vasto complesso, ammirare i suoi edifici storici, scoprire la sua storia e apprezzare la sua architettura affascinante. Molti oggetti d'arte e reperti storici sono esposti nei vari musei all'interno del complesso.

Patrimonio Mondiale dell'UNESCO:

La Città Proibita è stata dichiarata Patrimonio dell'Umanità dell'UNESCO ed è riconosciuta per la sua importanza storica e culturale.
Questo complesso è una testimonianza vivente dell'arte, dell'architettura e della cultura cinese del passato.

La Città Proibita è un luogo di profondo significato storico e culturale, una testimonianza dell'antica grandezza della Cina imperiale e una destinazione straordinaria per chiunque voglia immergersi nella storia cinese.

La Città Proibita è uno dei luoghi più iconici di Pechino ed è situata al centro della città. La stazione ferroviaria principale di Pechino è la Stazione Ferroviaria di Pechino ( ), nota anche come la Stazione Centrale di Pechino. Ecco come puoi arrivare alla Città Proibita dalla stazione ferroviaria:

In taxi:

1. Una delle opzioni più comode è prendere un taxi direttamente dalla stazione ferroviaria di Pechino. Il costo di un taxi da Pechino Stazione Centrale alla Città Proibita può variare da 20 a 40 yuan cinesi, che corrispondono a circa 2,50-5 euro. Il viaggio dovrebbe essere breve, soprattutto in condizioni di traffico normali.

In metropolitana:

1. Dalla stazione ferroviaria di Pechino, puoi prendere la Linea 2 della metropolitana (Linea Circolare) in direzione est.
2. Scendi alla fermata "Qianmen" ( ), che è la stazione più vicina alla Città Proibita. Il costo del biglietto della metropolitana è di 3 yuan cinesi, che corrispondono a circa 0,40 euro. Assicurati di avere contanti o una carta di viaggio per acquistare il biglietto.

A piedi:

1. Se preferisci camminare, puoi uscire dalla stazione ferroviaria di Pechino e dirigerti verso sud. La Città Proibita è situata a sud della stazione, quindi puoi raggiungerla a piedi. Tieni presente che il percorso a piedi può richiedere circa 30-40 minuti e potrebbe non essere la scelta migliore se hai molti bagagli o se il tempo è avverso.

Orari della Città Proibita:

La Città Proibita è generalmente aperta ai visitatori nei seguenti orari:

In estate (aprile - ottobre): 8:30 - 17:00
In inverno (novembre - marzo): 8:30 - 16:30

Costo del biglietto:

Il costo del biglietto d'ingresso alla Città Proibita è di 60 yuan cinesi, che corrispondono a circa 7,50 euro al tasso di cambio attuale. Tuttavia, i prezzi possono variare a seconda della stagione e delle mostre speciali in corso. È possibile acquistare i biglietti direttamente all'ingresso o tramite altre opzioni, come l'acquisto online o presso determinati punti vendita autorizzati.

Una volta arrivato alla Città Proibita, sarai in una posizione privilegiata per esplorare questo affascinante sito storico e ammirare la sua magnificenza. Ricorda di verificare gli orari e i prezzi attuali prima di visitare la Città Proibita per assicurarti di avere le informazioni più aggiornate.

3. La Grande Muraglia

La Grande Muraglia cinese è un'opera straordinaria che incarna la grandezza, la storia e la maestosità del popolo cinese. Questa struttura architettonica monumentale è stata costruita lungo i secoli e rappresenta uno dei simboli più iconici della Cina, nonché una delle meraviglie del mondo.

Storia:

La costruzione della Grande Muraglia iniziò più di 2.000 anni fa durante la dinastia Qin e si è protratta attraverso le dinastie successive, inclusa la dinastia Ming, fino al 17º secolo. La sua funzione principale era quella di difendere l'antico Impero cinese da incursioni e invasioni provenienti dal nord.

Dimensioni e Estensione:

La Grande Muraglia si estende su oltre 21.000 chilometri attraverso il paese, rendendola una delle strutture più lunghe mai costruite dall'umanità. La sua larghezza varia da sezione a sezione, ma generalmente può ospitare una strada larga abbastanza da consentire il passaggio di carri trainati da cavalli o persino di piccoli eserciti.

Architettura:

La muraglia è costruita principalmente in pietra, mattoni crudi, legno e terra. Le sezioni variano nella loro struttura e nell'aspetto, poiché sono state costruite in epoche diverse. Le torri di guardia erano posizionate lungo la muraglia per consentire l'osservazione e la comunicazione. Alcune sezioni presentano ripide scalinate e tratti molto ripidi, mentre altre seguono dolci colline e valli.

Scopi e Significato:

Oltre alla sua funzione difensiva, la Grande Muraglia ha anche avuto un significato simbolico importante. È stata un simbolo di potere e unità per la Cina, nonché un esempio impressionante di ingegneria e lavoro umano. Oggi rappresenta un'attrazione turistica di primaria importanza e un patrimonio mondiale dell'UNESCO.

Sezioni Popolari:

Alcune delle sezioni più popolari della Grande Muraglia includono Badaling, Mutianyu, Simatai e Jiankou. Ognuna di queste sezioni offre una prospettiva unica sulla muraglia e sull'ambiente circostante.

Visita alla Grande Muraglia:

La Grande Muraglia è aperta ai visitatori e offre la possibilità di camminare lungo i suoi sentieri e torri, offrendo viste spettacolari sul paesaggio circostante. La visita alla Grande Muraglia è un'esperienza straordinaria che consente di immergersi nella storia e

nell'architettura di uno dei monumenti più iconici al mondo.

La Grande Muraglia cinese è uno dei siti storici più iconici al mondo, e visitarla è un'esperienza straordinaria. Se stavi visitando la Città Proibita, è possibile raggiungere facilmente la Grande Muraglia nelle vicinanze. Ecco come puoi farlo:

In taxi:

1. Una delle opzioni più comode per raggiungere la Grande Muraglia è prendere un taxi direttamente da Pechino. La Grande Muraglia è situata a varie distanze dalla città, a seconda della sezione che desideri visitare. Le sezioni più vicine includono Badaling e Mutianyu, che sono a circa un'ora di auto da Pechino. Il costo del taxi varierà a seconda della sezione a cui vuoi andare, ma dovresti aspettarti di pagare circa 400-600 yuan cinesi (circa 50-75 euro) per un viaggio di andata e ritorno da Pechino a Badaling, ad esempio.

In autobus turistico:

1. Molte agenzie turistiche offrono servizi di autobus turistici per la Grande Muraglia. Questi tour includono spesso una guida e possono essere un'opzione comoda per esplorare la Grande Muraglia. I prezzi variano a seconda del tour e delle opzioni offerte, ma dovresti aspettarti di spendere circa 150-300 yuan cinesi (circa 20-40 euro) a persona.

In treno:

1. Alcune sezioni della Grande Muraglia, come Badaling e Mutianyu, sono accessibili anche in treno dalla stazione ferroviaria di Pechino. Questo può essere un'opzione economica e conveniente. Il prezzo dei biglietti varia in base alla sezione e alla classe di viaggio, ma dovresti aspettarti di spendere circa 6-10 yuan cinesi (circa 0,75-1,25 euro) per un biglietto di andata.

Orari della Grande Muraglia:

Gli orari di apertura della Grande Muraglia variano a seconda della sezione che desideri visitare. In genere, la maggior parte delle sezioni è aperta dalle 8:00 alle 17:00 in estate e dalle 8:30 alle 16:30 in inverno. Tuttavia, questi orari possono variare, quindi è consigliabile verificarli in anticipo.

Costo del biglietto:

Il costo del biglietto d'ingresso alla Grande Muraglia varia a seconda della sezione. Ad esempio, a Badaling, il costo è di 60 yuan cinesi (circa 7,50 euro) in alta stagione e 40 yuan cinesi (circa 5 euro) in bassa stagione. Tuttavia, i prezzi possono cambiare, quindi è sempre consigliabile verificare i costi attuali prima della visita.

La Grande Muraglia è una delle meraviglie del mondo e rappresenta una destinazione imperdibile quando visiti la Cina. Assicurati di pianificare la tua visita con anticipo e di scegliere la sezione che meglio si adatta alle tue preferenze e ai tuoi piani di viaggio.

4. Piazza Tiananmen

La Piazza Tiananmen, situata al centro di Pechino, è una delle piazze più famose e simboliche al mondo. Questa vasta piazza rappresenta un importante centro politico e culturale, nonché il luogo di eventi storici di rilevanza internazionale.

Storia:

La Piazza Tiananmen ha una storia lunga e complessa, che

abbraccia diversi periodi della storia cinese. La piazza prende il nome dalla "Porta della Pace Celeste", una delle porte della Città Proibita situata a nord della piazza. La piazza è stata il palcoscenico di numerosi eventi significativi, tra cui la Proclamazione della Repubblica di Cina da parte di Sun Yat-sen nel 1912 e le manifestazioni studentesche del 1989, conosciute come la "Rivoluzione di Piazza Tiananmen."

Architettura e Attrazioni:

La piazza è delimitata da importanti strutture architettoniche, tra cui il Mausoleo di Mao Zedong, il Museo Nazionale di Cina, il Monumento agli Eroi del Popolo e il Palazzo del Parlamento. La vastità della piazza stessa è impressionante e può ospitare centinaia di migliaia di persone durante eventi e celebrazioni importanti.

Mausoleo di Mao Zedong:

Al centro della piazza, si trova il Mausoleo di Mao Zedong, un monumento dedicato al fondatore della Repubblica Popolare Cinese, Mao Zedong. Il mausoleo è aperto al pubblico e ospita la salma imbalsamata di Mao, attirando numerosi visitatori e turisti.

Eventi Importanti:

La Piazza Tiananmen è stata il luogo di celebrazioni e eventi di rilevanza storica. Ogni anno, la piazza è sede di cerimonie importanti, tra cui la celebrazione del Capodanno cinese e il solenne rito dell'Alzabandiera.

Significato Storico e Politico:

La Piazza Tiananmen ha una profonda importanza storica e politica in Cina. È stata il palcoscenico di importanti avvenimenti politici, tra cui la proclamazione della Repubblica di Cina e la fondazione della Repubblica Popolare Cinese. Tuttavia, è anche associata agli eventi tragici della Rivoluzione di Piazza Tiananmen nel 1989, che portarono a un intervento militare.

La Piazza Tiananmen è un luogo di grande importanza sia per la Cina che per il mondo intero. La sua storia complessa, la sua architettura maestosa e il suo ruolo nella politica cinese la rendono una destinazione iconica per chiunque visiti Pechino.

Per raggiungere la Piazza Tiananmen dalla Stazione Ferroviaria di Pechino (Beijing Railway Station), puoi seguire queste indicazioni:

In taxi:

1. La soluzione più comoda è prendere un taxi direttamente dalla stazione ferroviaria. Basta recarsi all'area dei taxi fuori dalla stazione e prendere un taxi disponibile.
2. Dovresti comunicare al tassista che desideri andare alla Piazza Tiananmen (Tiananmen Square) e, preferibilmente, mostrargli l'indirizzo in caratteri cinesi o una mappa per evitare possibili fraintendimenti.
3. La piazza è situata a pochi chilometri a sud-ovest della stazione ferroviaria, quindi il viaggio in taxi dovrebbe essere breve e relativamente economico.

In metropolitana:

1. Dalla Stazione Ferroviaria di Pechino, puoi prendere la Linea 2 della metropolitana (Linea Circolare). Questa linea è facilmente accessibile dalla stazione.
2. Scendi alla fermata "Qianmen" ( ), che è la stazione della metropolitana più vicina alla Piazza Tiananmen.
3. Da "Qianmen", puoi seguire le indicazioni o chiedere informazioni locali per raggiungere facilmente la Piazza Tiananmen a pochi passi di distanza.

A piedi:

1. La Piazza Tiananmen è raggiungibile a piedi dalla Stazione Ferroviaria di Pechino, ma il percorso può richiedere circa 30-40 minuti a piedi, poiché la piazza si trova a sud-ovest della stazione.
2. Assicurati di avere una mappa o un'app di navigazione per guidarti lungo il percorso. La strada principale per raggiungere la piazza potrebbe essere la Chang'an Avenue.

Scegli l'opzione che meglio si adatta alle tue preferenze e al tuo budget. La Piazza Tiananmen è uno dei luoghi più emblematici di Pechino e offre l'accesso a molti altri siti storici e culturali importanti, quindi è un luogo di partenza ideale per esplorare la città.

CAPITOLO 4: SHANGHAI - IL CUORE ECONOMICO

Shanghai è la città più grande della Cina e rappresenta il suo cuore economico e finanziario. Questo capitolo esplorerà l'importanza economica di Shanghai, la sua storia, le sue influenze culturali e i luoghi di interesse legati al mondo degli affari.

Storia Economica:

Shanghai è stata a lungo un importante centro commerciale e finanziario, con una storia economica che risale a secoli fa. Durante il periodo coloniale, Shanghai divenne un importante porto internazionale, attrattivo per le imprese straniere. Questa tradizione di apertura economica continua a essere un elemento chiave dell'attuale status di Shanghai come centro economico.

Zona Economica Speciale di Pudong:

Negli anni '90, il governo cinese ha creato la Zona Economica Speciale di Pudong, trasformando una volta desertica area in un moderno distretto finanziario e commerciale con una serie di grattacieli iconici, tra cui la Torre Jin Mao e la Torre Shanghai. Questa zona è diventata un centro finanziario globale e un simbolo dell'ascesa economica della Cina.

Affari Internazionali:

Shanghai ospita una serie di sedi di importanti aziende multinazionali e istituzioni finanziarie. Il distretto di Lujiazui è diventato il cuore del settore finanziario cinese, con una serie di banche, assicurazioni e società di investimento che hanno stabilito la loro presenza in questa zona.

L'Influenza dell'Expo di Shanghai del 2010:

L'Esposizione Universale di Shanghai del 2010 ha contribuito a consolidare il ruolo di Shanghai come città globale. Questo evento ha attirato l'attenzione internazionale e ha portato a importanti investimenti in infrastrutture e sviluppo urbano.

Luoghi di Interesse Economico:

Distretto di Lujiazui: Questo distretto finanziario è sede di molte banche, borse e istituzioni finanziarie.

Nanjing Road: Questa famosa strada commerciale è una delle più frequentate al mondo e offre negozi, ristoranti e molte opportunità di shopping.

Fiera di Shanghai (Shanghai World Expo Exhibition and Convention Center): Questo centro espositivo ospita fiere commerciali e conferenze internazionali, contribuendo a promuovere gli affari in città.
Mercato della Perle Orientale (Dongtai Road Antique Market): Un luogo ideale per scoprire l'arte e l'artigianato cinese, compresi i souvenir e le opere d'arte tradizionali.

Shanghai è una città in costante crescita e innovazione, con una comunità aziendale in rapida espansione. Questo capitolo esplorerà ulteriormente la sua economia, la sua cultura imprenditoriale e le opportunità commerciali disponibili in questa affascinante metropol

1. Distretto di Lujiazui

Il Distretto di Lujiazui è un quartiere situato nella parte orientale di Shanghai ed è diventato uno dei centri finanziari e commerciali più importanti non solo in Cina, ma anche a livello globale. Questo distretto è noto per la sua spettacolare skyline, che è dominata da grattacieli di fama mondiale, tra cui la Torre Jin Mao, la Torre Shanghai e il World Financial Center. Ecco una panoramica di questo vitale centro economico:

Storia: L'area di Lujiazui era una volta una pianura agricola e paludosa. Tuttavia, negli anni '90, il governo cinese ha avviato un programma di sviluppo massiccio, trasformando Lujiazui in un distretto finanziario di prim'ordine. La costruzione della zona è iniziata con la creazione della Zona Economica Speciale di Pudong.

Skyline Iconico: Il punto focale di Lujiazui è la sua skyline eccezionale. La Torre Jin Mao, alta 421 metri, è stata una delle prime strutture emblematiche ad essere costruite. La Torre Shanghai, con la sua forma peculiare, è diventata un simbolo di Shanghai, e il World Financial Center è noto per il suo ponte panoramico all'aperto tra le torri gemelle.

Centro Finanziario: Lujiazui ospita molte sedi di banche internazionali, società di investimento, assicurazioni e altre istituzioni finanziarie. La Borsa di Shanghai e la Borsa di Shanghai Futures Exchange si trovano anche in questo distretto, contribuendo a posizionare Shanghai come uno dei principali mercati finanziari del mondo.

Commercio Internazionale: Oltre alle istituzioni finanziarie, Lujiazui offre una serie di centri commerciali di alto livello, negozi di lusso e hotel a cinque stelle. Questa area è un importante centro per le conferenze internazionali e le fiere commerciali, con il Shanghai World Expo Exhibition and Convention Center che ospita numerosi eventi di importanza globale.

Pudong New Area: Lujiazui fa parte di Pudong, una nuova area di Shanghai che è stata trasformata in un hub economico e tecnologico.

Questa regione in rapida crescita offre molte opportunità per le investimenti e il business.

Il Distretto di Lujiazui è una testimonianza dell'ascesa economica e finanziaria della Cina e rappresenta una destinazione affascinante per coloro che sono interessati agli affari internazionali e al dinamismo economico di Shanghai.

Per raggiungere il Distretto di Lujiazui a Shanghai, puoi utilizzare diverse opzioni di trasporto, tra cui la metropolitana, i taxi e i mezzi pubblici. Ecco come puoi farlo:

In metropolitana:

La metropolitana di Shanghai è un modo comodo per raggiungere il Distretto di Lujiazui. Ecco come farlo:

1. Assicurati di sapere la stazione della metropolitana più vicina al tuo punto di partenza. Ad esempio, se parti dalla Stazione Ferroviaria di Shanghai (Shanghai Railway Station), puoi prendere la Linea 1 e cambiare alla Linea 2 alla stazione "People's
Square" (Piazza del Popolo).
2. Prendi la Linea 2 in direzione est verso "Pudong" e scendi alla stazione "Lujiazui".
3. Dalla stazione "Lujiazui", sarai vicino al cuore del distretto, con accesso a molte delle principali attrazioni e grattacieli.

In taxi:

Se preferisci prendere un taxi, puoi farlo facilmente a Shanghai. Basta cercare un taxi disponibile e comunicare al tassista che desideri andare a Lujiazui. Mostragli l'indirizzo o il nome della destinazione scritto in cinese, se possibile. Il tassista ti porterà direttamente al tuo punto di interesse in Lujiazui.

Mezzi pubblici:

Shanghai ha un sistema di mezzi pubblici ben sviluppato che include autobus e tram. Puoi utilizzare il sistema di trasporto pubblico per raggiungere Lujiazui, ma dovrai pianificare la tua rotta in anticipo e potrebbe essere necessario comunicare con i conducenti o altri passeggeri se non parli cinese.

Lujiazui è una zona molto accessibile, e il trasporto pubblico è un'opzione conveniente e conveniente per esplorare questo distretto finanziario. La metropolitana è spesso il modo più rapido per raggiungere la zona e spostarti all'interno di essa. Assicurati di avere una mappa della metropolitana o un'app di navigazione per semplificare il tuo viaggio.

2. Torre di Shanghai

La Torre di Shanghai, conosciuta anche come "Shanghai Tower," è uno degli edifici più iconici di Lujiazui e di Shanghai nel suo complesso. Questo grattacielo straordinario è un punto di riferimento e un simbolo del progresso economico e tecnologico della Cina. Per raggiungere la Torre di Shanghai, puoi seguire queste indicazioni:

In metropolitana:

1. Utilizzando la metropolitana, puoi prendere la Linea 2 e scendere alla stazione "Lujiazui."
2. La Torre di Shanghai si trova a breve distanza a piedi dalla stazione "Lujiazui," ed è visibile dalla maggior parte delle posizioni del distretto. Segui le indicazioni e le passerelle pedonali per raggiungere la torre.

In taxi:

1. Puoi prendere un taxi da qualsiasi posizione a Shanghai e comunicare al tassista che desideri andare alla "Shanghai Tower" o

   "Torre di Shanghai" in cinese ("   " in caratteri cinesi).
2. Il tassista dovrebbe portarti direttamente alla torre, che è un'attrazione ben nota in città.

Mezzi pubblici:

Se preferisci utilizzare i mezzi pubblici, puoi consultare le mappe del trasporto pubblico di Shanghai e cercare le linee di autobus o tram che passano per la zona di Lujiazui. La Torre di Shanghai è una destinazione importante, quindi è probabile che ci siano collegamenti di trasporto pubblico diretti.

La Torre di Shanghai offre una vista panoramica spettacolare sulla città di Shanghai e sul fiume Huangpu, ed è uno dei punti salienti di qualsiasi visita a Shanghai. Assicurati di pianificare il tuo viaggio con anticipo, poiché potresti dover fare la fila per l'ingresso e goderti le viste mozzafiato dalla piattaforma di osservazione panoramica.

3. Nanjing Road

Nanjing Road è una delle strade commerciali più famose e frequentate di Shanghai. Questa strada è divisa in due parti: Nanjing Road East (Est) e Nanjing Road West (Ovest), entrambe ricche di negozi, ristoranti, centri commerciali e luoghi di interesse. Per raggiungere Nanjing Road, puoi seguire queste indicazioni:

In metropolitana:

1. La metropolitana è un modo comodo per raggiungere Nanjing Road. Puoi prendere la Linea 2 della metropolitana e scendere alla stazione "Nanjing East Road" (Nanjing Dong Lu) per raggiungere Nanjing Road East o alla stazione "People's Square" (Piazza del
Popolo) per accedere a Nanjing Road West.
2. Dalla stazione, segui le indicazioni e cammina fino a raggiungere Nanjing Road.

In taxi:

1. Puoi facilmente prendere un taxi per raggiungere Nanjing Road da qualsiasi punto di Shanghai.
2. Comunica al tassista che desideri andare a "Nanjing Road" e mostra l'indirizzo scritto in cinese, se possibile, per evitare eventuali fraintendimenti.

Mezzi pubblici:

Shanghai ha un sistema di autobus pubblici ben sviluppato. Puoi cercare le linee di autobus che passano per la zona di Nanjing Road e prendere un autobus che ti porti vicino alla strada. Assicurati di avere una mappa del trasporto pubblico o un'applicazione di navigazione per trovare il percorso migliore.

Nanjing Road è famosa per il suo shopping, i grandi magazzini, i negozi di lusso e i ristoranti, ed è una destinazione ideale per gli amanti dello shopping e i turisti. Durante la notte, le insegne luminose rendono la strada ancora più affascinante. Sia che tu voglia fare acquisti o semplicemente passeggiare e ammirare l'atmosfera animata, Nanjing Road offre un'esperienza unica a Shanghai.

4. Fiera di Shanghai (Shanghai World Expo Exhibition and Convention Center)

La Fiera di Shanghai, conosciuta anche come Shanghai World Expo Exhibition and Convention Center, è un importante centro espositivo e conferenze situato nella zona di Pudong, a Shanghai. Questo moderno complesso è spesso utilizzato per ospitare eventi commerciali, fiere, conferenze internazionali e mostre. Per raggiungere la Fiera di Shanghai, puoi seguire queste indicazioni:

In metropolitana:

1. Utilizzando la metropolitana, puoi prendere la Linea 7 e scendere alla stazione "Yaohua Road" (Stazione della Strada Yaohua).
2. Dalla stazione, segui le indicazioni per raggiungere il Shanghai World Expo Exhibition and Convention Center. La struttura è ben segnalata.

In taxi:

1. Puoi prendere un taxi e comunicare al tassista che desideri andare al "Shanghai World Expo Exhibition and Convention Center" o

   "Fiera di Shanghai" in cinese ("   " in caratteri cinesi).
2. Il tassista dovrebbe portarti direttamente al centro espositivo.

Mezzi pubblici:

Se preferisci utilizzare i mezzi pubblici, puoi cercare le linee di autobus o tram che passano per la zona di Pudong e che potrebbero portarti vicino al centro espositivo. Tuttavia, le opzioni di trasporto pubblico potrebbero richiedere più tempo rispetto alla metropolitana o ai taxi.

La Fiera di Shanghai ospita eventi di importanza internazionale, tra cui fiere commerciali, conferenze, mostre e altro ancora. È un luogo importante per gli affari e il networking in Cina e offre una moderna infrastruttura per ospitare grandi raduni. Assicurati di verificare in anticipo il calendario degli eventi in corso quando pianifichi la tua visita.

5. Mercato della Perle Orientale (Dongtai Road Antique Market)

Il Mercato della Perle Orientale, noto anche come Dongtai Road Antique Market, è un affascinante mercato delle pulci situato a Shanghai. Questo mercato è famoso per le sue bancarelle piene di oggetti d'arte, oggetti vintage, antiquariato, souvenir e curiosità. Per raggiungere il Mercato della Perle Orientale, puoi seguire queste indicazioni:

In metropolitana:

1. Utilizzando la metropolitana, puoi prendere la Linea 8 e scendere alla stazione "Laoximen" (Stazione Vecchia Città).
2. Dal momento che il mercato si trova a una distanza a piedi dalla stazione, segui le indicazioni per raggiungere Dongtai Road
   Antique Market.

In taxi:

1. Puoi prendere un taxi e comunicare al tassista che desideri andare al "Mercato della Perle Orientale" o "Dongtai Road Antique
   Market" in cinese ("   " in caratteri cinesi).
2. Il tassista dovrebbe portarti direttamente al mercato delle pulci.

Mezzi pubblici:

Puoi anche utilizzare il sistema di mezzi pubblici di Shanghai per raggiungere il mercato, ma potrebbe essere necessario fare una piccola passeggiata dalla fermata dell'autobus più vicina.

Il Mercato della Perle Orientale è un luogo affascinante per esplorare oggetti unici, antichi e curiosi. Troverai una vasta gamma di articoli, tra cui mobili antichi, porcellane, tessuti, oggetti d'arte, abbigliamento vintage e souvenir tradizionali cinesi. È un luogo ideale per chi è interessato all'antiquariato o semplicemente desidera portare a casa un pezzo autentico di cultura cinese.

CAPITOLO 5: HONG KONG

Introduzione a Hong Kong

Hong Kong è una regione amministrativa speciale della Cina situata al largo della costa meridionale del paese. Con una storia unica e una cultura vibrante, Hong Kong è uno dei principali centri finanziari e turistici dell'Asia.

Questo capitolo esplorerà l'essenza di Hong Kong, offrendo una visione generale della sua storia, del suo status speciale e della sua posizione geografica. Inizieremo il nostro viaggio attraverso questa affascinante metropoli, scoprendo cosa la rende così unica.

Victoria Peak e The Peak Tram

La Victoria Peak, conosciuta anche come "The Peak," è uno dei luoghi più iconici e panoramicamente spettacolari di Hong Kong. Si tratta di una montagna situata sull'isola di Hong Kong, che offre una vista mozzafiato sulla città e il suo spettacolare skyline. Una delle esperienze più popolari per raggiungere la cima è prendere The Peak Tram.

Descrizione:

The Peak Tram è un tram a cremagliera che viaggia su una pendenza ripida, portandoti dalla città alla cima della montagna in modo panoramico. Lungo il tragitto, sarai circondato da una vista spettacolare su grattacieli, foreste, giardini lussureggianti e l'oceano. Una volta in cima, ti troverai al Victoria Peak, dove potrai godere di una vista a 360 gradi di Hong Kong.

Come Arrivarci dalla Stazione Centrale di Hong Kong:

Se ti trovi nella Stazione Centrale di Hong Kong, puoi seguire queste indicazioni per raggiungere The Peak Tram:

1. Prendi la metropolitana (MTR) dalla Stazione Centrale di Hong Kong alla stazione "Admiralty". La Linea dell'Isola (Island Line) ti porterà lì.
2. Dalla stazione "Admiralty," segui le indicazioni per il Pacific Place Mall. Troverai una passerella pedonale che collega la stazione al centro commerciale.
3. All'interno del Pacific Place Mall, cerca l'uscita per il Jardine House, dove troverai l'ingresso di The Peak Tram. È ben segnalato.
4. Acquista il biglietto per The Peak Tram e sali a bordo. Il tram ti porterà su per la montagna attraverso una suggestiva foresta tropicale fino a raggiungere la cima del Victoria Peak.

Una volta in cima, avrai la possibilità di ammirare una vista spettacolare sulla città, fare una passeggiata panoramica e visitare il Peak Tower, che ospita negozi e ristoranti. The Peak è una destinazione imperdibile per i visitatori di Hong Kong ed è particolarmente affascinante durante le ore serali, quando il panorama si illumina con le luci della città.

Big Buddha (Tian Tan Buddha) a Lantau Island

Il Big Buddha, conosciuto anche come Tian Tan Buddha, è una delle icone più famose di Hong Kong ed è situato sull'isola di Lantau. Questa maestosa statua di Buddha di bronzo è una delle più grandi del suo genere al mondo e rappresenta un importante sito religioso e turistico.

Descrizione:

La statua del Big Buddha è situata all'interno del complesso del Monastero di Po Lin a Lantau Island. La statua stessa, alta circa 34 metri e pesante oltre 250 tonnellate, raffigura Siddhartha Gautama, il Buddha, in posizione seduta su un loto con le mani rivolte verso il cielo. È circondato da sei devoti in bronzo che offrono doni, rappresentando diverse qualità spirituali.

Come Arrivarci dalla Stazione Centrale di Hong Kong:

Se ti trovi nella Stazione Centrale di Hong Kong e desideri visitare il Big Buddha a Lantau Island, ecco come puoi farlo:

1. Prendi la metropolitana (MTR) dalla Stazione Centrale di Hong Kong alla stazione "Hong Kong Station."
2. Dalla stazione "Hong Kong Station," segui le indicazioni per l'Airport Express, un servizio ferroviario che ti porterà all'Aeroporto
   Internazionale di Hong Kong (HKIA). Acquista un biglietto per l'Airport Express.
3. Prendi l'Airport Express fino all'Aeroporto Internazionale di Hong Kong.
4. All'arrivo all'aeroporto, prendi il servizio di trasporto dedicato chiamato "Ngong Ping 360," che ti porterà a Ngong Ping Village, situata vicino al Monastero di Po Lin.
5. Dalla stazione Ngong Ping 360, puoi raggiungere a piedi il Monastero di Po Lin e il Big Buddha. Il percorso è panoramico e offre una vista spettacolare sui paesaggi circostanti.

Una visita al Big Buddha è un'esperienza spirituale e culturale unica che ti permette di esplorare la tranquillità del monastero e ammirare l'imponente statua di bronzo. Puoi anche esplorare Ngong Ping Village e goderti il panorama sull'isola di Lantau.

Avenue of Stars

L'Avenue of Stars è una famosa passeggiata lungo la baia di Victoria a Hong Kong, celebrando le stelle del cinema di Hong

Kong e offrendo una vista spettacolare del panorama notturno della città.

Descrizione:

L'Avenue of Stars è un omaggio all'industria cinematografica di Hong Kong e alle celebrità che l'hanno resa famosa. Lungo questa passeggiata, troverai piastrelle con le impronte delle mani di attori e registi celebri, oltre a statue e monumenti dedicati a figure iconiche del cinema. È un luogo ideale per passeggiare, scattare foto e ammirare le luci scintillanti del porto di Hong Kong.

Una delle caratteristiche più famose dell'Avenue of Stars è la sua replica della statua di Bruce Lee in una posa da combattimento. Questa statua è un omaggio al leggendario artista marziale e attore che ha avuto un impatto significativo sul cinema di Hong Kong.

Come Arrivarci dalla Stazione Centrale di Hong Kong:

Per raggiungere l'Avenue of Stars dalla Stazione Centrale di Hong Kong, segui questi passaggi:

1. Prendi la metropolitana (MTR) dalla Stazione Centrale di Hong Kong alla stazione "Tsim Sha Tsui" sulla Linea Tsuen Wan. La stazione Tsim Sha Tsui è situata nelle vicinanze dell'Avenue of Stars.
2. Dall'uscita della stazione "Tsim Sha Tsui," segui le indicazioni per il lungomare di Victoria Harbour. Sarai in grado di riconoscere facilmente l'ingresso all'Avenue of Stars.

Una volta sulla passeggiata, puoi passeggiare lungo il lungomare, ammirare le stelle del cinema e goderti la vista panoramica su Hong Kong Island e il porto di Victoria. Questa è una destinazione molto popolare sia di giorno che di notte, quindi puoi pianificare la tua visita in base alle tue preferenze.

Mercati Notturni di Temple Street

I Mercati Notturni di Temple Street sono uno dei luoghi più affascinanti e vibranti di Hong Kong. Questo mercato notturno offre una vasta gamma di mercanzie, cibo di strada, spettacoli e intrattenimento, rendendolo un luogo ideale per immergersi nell'atmosfera della vita notturna di Hong Kong.

Descrizione:

I Mercati Notturni di Temple Street sono situati nel quartiere di Yau Ma Tei a Kowloon. Questi mercati prendono il nome da Temple Street, ma in realtà si estendono ben oltre la strada stessa. Troverai bancarelle che vendono una varietà di prodotti, tra cui abbigliamento, oggetti elettronici, orologi, souvenir, giocattoli e molto altro. Questi mercati sono noti per le loro offerte convenienti, ma il prezzo è spesso soggetto a contrattazione, quindi preparati a negoziare.

Inoltre, Temple Street è famosa per la sua scena culinaria di strada. Qui puoi assaporare prelibatezze locali come zuppe di pesce, pesce alla griglia, aragoste, polpo, e molti altri piatti deliziosi. I ristoranti di strada offrono una vasta gamma di cucina cinese e locale, permettendoti di gustare autentici sapori di Hong Kong.

Durante le serate, Temple Street prende vita con spettacoli di artisti di strada, come lettori di tarocchi, cantanti e maghi. Questi spettacoli contribuiscono a creare un'atmosfera vivace e coinvolgente.

Come Arrivarci dalla Stazione Centrale di Hong Kong:

Per raggiungere i Mercati Notturni di Temple Street dalla Stazione Centrale di Hong Kong, segui questi passaggi:

1. Prendi la metropolitana (MTR) dalla Stazione Centrale di Hong Kong a "Jordan Station" sulla Linea Tsuen Wan.
2. Dalla stazione "Jordan," seguendo le indicazioni, puoi raggiungere a piedi Temple Street. La passeggiata ti porterà direttamente nei mercati notturni.

Una visita ai Mercati Notturni di Temple Street è un'esperienza divertente e autentica che ti consente di immergerti nella cultura locale di Hong Kong, scoprire oggetti interessanti e gustare cibo delizioso. Ricorda di portare contanti, poiché molte bancarelle potrebbero non accettare carte di credito.

Mong Kok e i suoi Mercati

Mong Kok è uno dei quartieri più vivaci e affollati di Hong Kong, noto per la sua intensa attività commerciale, i mercati tradizionali e l'atmosfera vibrante. Questo quartiere offre un'esperienza unica, dove puoi fare shopping, esplorare i mercati e immergerti nell'energia della città.

Descrizione:
Mong Kok è situato nella parte nord di Kowloon ed è famoso per la sua densità di negozi, ristoranti, mercati e luoghi di intrattenimento. Alcuni dei mercati più noti di Mong Kok includono il Mercato delle Dame (Ladies' Market), il Mercato d'Oro (Goldfish Market), il Mercato dei Fiori (Flower Market) e il Mercato degli Uccelli (Bird Market). Ecco cosa puoi aspettarti di trovare in ciascuno di questi mercati:

Mercato delle Dame (Ladies' Market): Questo è uno dei mercati più grandi e popolari di Hong Kong, noto per abbigliamento, accessori, borse, giocattoli, elettronica e molto altro. È un luogo ideale per i cacciatori di affari e per coloro che amano fare shopping.

Mercato d'Oro (Goldfish Market): Questo mercato è specializzato nella vendita di pesci tropicali, pesci rossi, tartarughe, piante acquatiche e tutti gli accessori necessari per l'acquario. È un luogo colorato e pittoresco da esplorare.

Mercato dei Fiori (Flower Market): Questo mercato è un'esplosione di colori e profumi, con una vasta gamma di piante, fiori, semi e articoli per il giardinaggio. È un luogo ideale per gli amanti dei fiori e della natura.

Mercato degli Uccelli (Bird Market): Qui puoi trovare uccelli canori, gabbie, cibo per uccelli e altri articoli correlati. È una destinazione unica e pittoresca che offre una panoramica della cultura tradizionale cinese.

Come Arrivarci dalla Stazione Centrale di Hong Kong:
Per raggiungere Mong Kok e i suoi mercati dalla Stazione Centrale

di Hong Kong, segui questi passaggi:

1. Prendi la metropolitana (MTR) dalla Stazione Centrale di Hong Kong alla stazione "Mong Kok" sulla Linea Tsuen Wan.
2. Dalla stazione "Mong Kok," puoi facilmente raggiungere a piedi i vari mercati e le strade commerciali del quartiere.

Un'escursione a Mong Kok è un'esperienza avvincente e offre un'opportunità unica per immergersi nella cultura locale, fare acquisti, assaporare prelibatezze di strada e osservare la vivacità di Hong Kong. Il quartiere è particolarmente affollato di sera, quindi è il momento ideale per esplorarlo e gustare i piatti tradizionali presso i venditori ambulanti.

L'Isola di Hong Kong e il Suo Skyline Mozzafiato

L'Isola di Hong Kong è il centro finanziario e commerciale della città, famosa per il suo spettacolare skyline di grattacieli illuminati che si riflettono nelle acque della baia di Victoria. Questo è uno dei paesaggi urbani più iconici al mondo, e l'Isola offre molte opportunità per ammirarlo da vicino.

Descrizione:
L'Isola di Hong Kong è la parte centrale dell'area metropolitana di Hong Kong ed è la sede di molte banche, società multinazionali, negozi di lusso e ristoranti di classe mondiale. L'Isola è situata tra due importanti corsi d'acqua, la baia di Victoria e il porto di Hong Kong, il che contribuisce a creare un panorama spettacolare.

Il suo skyline è caratterizzato da alcuni dei grattacieli più alti del mondo, tra cui l'International Commerce Centre (ICC) e il Two International Finance Centre (Two IFC). Durante la notte, queste strutture sono illuminate in modo spettacolare, creando una vista affascinante e un'atmosfera mozzafiato.

Come Arrivarci dalla Stazione Centrale di Hong Kong:
Se desideri ammirare il skyline di Hong Kong dall'Isola di Hong Kong, segui questi passaggi:

1. Dalla Stazione Centrale di Hong Kong, puoi raggiungere facilmente l'Isola prendendo la metropolitana (MTR). Puoi

scegliere di scendere alla stazione “Hong Kong Station” o alla stazione “Central Station” sulla Linea dell’Isola (Island Line).

2. Una volta sceso alla stazione desiderata, puoi esplorare l’Isola a piedi. Dirigiti verso il lungomare della baia di Victoria, dove avrai una vista panoramica del maestoso skyline di Hong Kong.
3. Puoi anche salire su uno dei tanti edifici panoramici come l’ICC o il Two IFC, che spesso hanno piattaforme di osservazione aperte al pubblico.

Ammirare il panorama notturno di Hong Kong è un’esperienza straordinaria, e l’Isola di Hong Kong offre numerose opportunità per farlo. Se desideri scattare foto spettacolari, il tram Peak può portarti sulla cima del Victoria Peak, da dove puoi catturare una vista incredibile del skyline di notte.

CAPITOLO 6: MACAO

Macao, una regione amministrativa speciale della Cina, cattura l'immaginazione con la sua storia coloniale portoghese, i casinò scintillanti e una cultura affascinante. In questo capitolo, esploreremo le basi di Macao, comprese le sue radici storiche, il suo status di regione amministrativa speciale e la sua posizione geografica. Inoltre, gettando uno sguardo sulla sua diversificata cultura e lingue, ci prepareremo a esplorare le affascinanti attrazioni e l'atmosfera unica che questa regione offre. Macao è una destinazione straordinaria che fonde con successo tradizioni cinesi e influenze portoghesi, creando un'esperienza di viaggio unica nel suo genere.

Luoghi di Interesse a Macao

Macao offre un'ampia gamma di attrazioni per i visitatori. In questo capitolo, ci immergeremo nei luoghi di interesse più iconici:

I Casinò di Macao

Macao, spesso definita come la "Monte Carlo dell'Est," è famosa in tutto il mondo per i suoi casinò scintillanti e le opportunità di gioco senza rivali. In questo capitolo, esploreremo l'entusiasmante mondo dei casinò di Macao, i loro luoghi più iconici e l'atmosfera di gioco unica che attira visitatori da tutto il mondo.

Macao ospita alcuni dei casinò più grandi e lussuosi del pianeta, con strutture mozzafiato e un'ampia gamma di giochi, dai tavoli da blackjack e roulette alle slot machine e il poker. I visitatori possono immergersi nell'adrenalina del gioco e godersi intrattenimento di prima classe, spettacoli dal vivo e ristoranti gourmet, il tutto in un ambiente elegante.

Situati principalmente nella zona del Cotai Strip e nell'area del Porto Internazionale, i casinò di Macao sono noti per le loro dimensioni impressionanti, la loro architettura sorprendente e l'ospitalità di prima classe. Il settore del gioco d'azzardo contribuisce in modo significativo all'economia di Macao, e il suo impatto culturale e turistico è innegabile.

Durante il tuo viaggio a Macao, avrai l'opportunità di sperimentare l'emozione del gioco d'azzardo in alcuni dei casinò più rinomati al mondo. Che tu sia un appassionato giocatore o semplicemente desideri assaporare l'atmosfera e osservare l'alta società, i casinò di
Macao offrono un'esperienza unica. In questo capitolo, esploreremo i dettagli dei casinò di Macao, inclusi quelli più famosi e le attrazioni che offrono oltre al gioco.

Il Centro Storico di Macao (Macao Historic Centre)

Il Centro Storico di Macao, noto anche come il "Casco Antiguo," rappresenta una preziosa gemma culturale e storica che racconta l'evoluzione affascinante di Macao attraverso i secoli. Questo sito è stato riconosciuto come Patrimonio dell'Umanità UNESCO, un tributo alla sua importanza storica e al suo valore architettonico.

Situato nella penisola di Macao, il Centro Storico è una fusione affascinante di influenze cinesi ed europee, riflettendo la lunga storia coloniale portoghese di Macao. Il centro storico è caratterizzato da strade lastricate, edifici storici, chiese, piazze pittoresche e musei culturali.

Uno dei luoghi più iconici del Centro Storico di Macao è **Le Rovine di San Paolo (Ruins of St. Paul's)**. Questa maestosa facciata barocca è tutto ciò che rimane di una delle più grandi chiese cattoliche d'Asia ed è diventata uno dei simboli più riconoscibili di Macao.

Il **Museo di Macao** è un'altra tappa imperdibile, offrendo un'ampia panoramica della storia, della cultura e dell'eredità di Macao attraverso una vasta collezione di reperti archeologici e oggetti d'arte.

La **Piazza del Senato** è una piazza storica circondata da edifici colorati e offre l'atmosfera ideale per passeggiare e immergersi nell'ambiente.

La **Fortezza do Monte** è un'antica fortezza portoghese situata su una collina che offre viste panoramiche mozzafiato sulla città e testimonia l'eredità coloniale di Macao.

Il Centro Storico ospita anche diverse chiese storiche, tra cui la **Chiesa di San Domenico** e la **Cattedrale di San Lorenzo**, che testimoniano l'importante patrimonio cattolico della regione.

Una visita al Centro Storico di Macao è un'esperienza di viaggio straordinaria che ti permette di immergerti nella storia, nell'architettura e nell'eredità culturale di questa regione unica.

Le Rovine di San Paolo (Ruins of St. Paul's) a Macao

Le Rovine di San Paolo costituiscono uno dei siti storici più iconici di Macao. Questa maestosa facciata barocca è tutto ciò che rimane di una delle più grandi chiese cattoliche d'Asia ed è un simbolo indiscusso di Macao. Per arrivarci, segui questi passaggi:

1. **Dalla Stazione Ferroviaria di Macao o dei Traghetti:** Se arrivi a Macao in treno o traghetto dalla vicina Hong Kong o dalla Cina continentale, dovrai prima raggiungere la zona del centro di Macao. Dalla stazione ferroviaria o dalla stazione dei traghetti, puoi prendere un taxi o utilizzare i mezzi pubblici per raggiungere il Centro Storico di Macao.
2. **Dalla Stazione di Autobus o Tram:** Macao dispone di un

efficiente sistema di trasporto pubblico, compreso un servizio di autobus e tram. Puoi consultare le mappe delle linee di autobus o tram per individuare quelle che passano vicino al Centro Storico. Scendi alla fermata più vicina al tuo punto d'interesse.

3. **A Piedi:** Se ti trovi già nella zona del Centro Storico, puoi raggiungere comodamente le Rovine di San Paolo a piedi. Segui le indicazioni stradali o chiedi informazioni ai locali per trovare il percorso più diretto.

Una volta arrivato nelle vicinanze delle Rovine di San Paolo, sarai in grado di individuarle facilmente. Questa maestosa facciata barocca sorge in mezzo al centro storico ed è spesso circondata da visitatori. Puoi goderti l'atmosfera unica del sito, esplorare le rovine e scattare fotografie memorabili di questo simbolo storico di Macao.

I Templi e i Santuari a Macao

Macao ospita diversi templi e santuari che riflettono l'importante eredità culturale e religiosa della regione. Esplorare questi luoghi sacri offre un'opportunità unica per comprendere la spiritualità e la storia di Macao. Ecco alcuni dei templi e santuari più noti e come arrivarci:

1. **Tempio di A-Ma (Templo de A-Má):** Il Tempio di A-Ma è uno dei luoghi sacri più antichi di Macao, dedicato alla dea A-Ma, la protettrice dei pescatori. È situato sulla penisola di Macao. Per arrivarci, puoi prendere un taxi o utilizzare il trasporto pubblico.

2. **Tempio di Na Tcha (Templo de Na Tcha):** Questo tempio è dedicato al Dio della Terra e si trova vicino alle Rovine di San Paolo.
   Puoi raggiungerlo facilmente a piedi se sei già nel Centro Storico di Macao.

3. **Tempio di Lin Fung (Templo de Lin Fung):** Situato nella zona di Taipa, questo tempio è dedicato a Lin Fung, un eroe cinese leggendario. Puoi raggiungerlo prendendo un taxi o

utilizzando il trasporto pubblico fino a Taipa.

4. **Tempio di Kun Iam (Templo de Kun Iam):** Questo tempio è dedicato a Kun Iam, la dea della misericordia, ed è situato nell'area di
Barra. Per arrivarci, puoi prendere un taxi o utilizzare il trasporto pubblico.

Come Arrivarci:

Per visitare i templi e santuari di Macao, puoi seguire questi passaggi generali:

1. **Dalla Stazione Ferroviaria di Macao o dei Traghetti:** Se arrivi a Macao in treno o traghetto, dovrai raggiungere il distretto specifico in cui si trova il tempio o santuario di interesse. Puoi farlo prendendo un taxi o utilizzando il trasporto pubblico, come gli autobus o i tram, a seconda della tua destinazione.
2. **Con un Taxi:** I taxi sono facilmente disponibili a Macao e rappresentano un comodo mezzo di trasporto per raggiungere i templi e i santuari, specialmente se desideri raggiungere destinazioni più remote o meno servite dai mezzi pubblici.
3. **Con i Mezzi Pubblici:** Macao ha un sistema di trasporto pubblico ben sviluppato, compreso un servizio di autobus e tram. Puoi consultare le mappe delle linee di autobus o tram per individuare quelle che passano vicino ai templi o santuari che desideri visitare.
Scendi alla fermata più vicina e segui le indicazioni per raggiungere il tuo destino a piedi.

Ricorda di consultare le mappe e le indicazioni specifiche per ciascun tempio o santuario che desideri visitare, in quanto le modalità di arrivo possono variare a seconda della loro ubicazione.

Macao Tower

La Macao Tower è una delle icone architettoniche di Macao, una torre panoramica alta 338 metri con una piattaforma di osservazione che offre spettacolari viste panoramiche sulla città.

Ecco come arrivarci:

1. **Dalla Stazione Ferroviaria di Macao o dei Traghetti:** Se arrivi a Macao in treno o traghetto, puoi raggiungere la Macao Tower prendendo un taxi o utilizzando il trasporto pubblico. Dovrai dirigersi verso il sud della penisola di Macao.
2. **In Taxi:** I taxi sono un mezzo comodo per raggiungere la Macao Tower. Puoi semplicemente dire al conducente di portarti alla Macao Tower (Torre de Macau) e sarai condotto direttamente al tuo destino.
3. **Mezzi Pubblici:** È possibile utilizzare i mezzi pubblici per raggiungere la Macao Tower. Dalla stazione ferroviaria o dai traghetti, cerca i servizi di autobus o taxi che si dirigono verso la torre. Assicurati di verificare gli orari e le fermate specifiche con l'autista o online.

Una volta arrivato alla Macao Tower, avrai l'opportunità di esplorare la torre e goderti le viste panoramiche. La piattaforma di osservazione offre una vista spettacolare sulla città, la baia di Macao e le isole circostanti. Inoltre, la Macao Tower è famosa per le sue emozionanti attività, tra cui il bungee jumping dalla piattaforma, se sei un appassionato di adrenalina.

La Macao Tower è uno dei luoghi più visitati di Macao e offre un'esperienza indimenticabile sia di giorno che di notte.

Macao ospita diversi eventi e festival durante tutto l'anno, ciascuno dei quali riflette la ricca eredità culturale della regione. Ecco alcuni dei principali eventi e festival locali di Macao:

1. **Festival Internazionale del Fuoco d'Artificio di Macao:** Questo festival spettacolare attira squadre di fuochi d'artificio da tutto il mondo per competere nella creazione di spettacoli pirotecnici straordinari. Gli spettacoli luminosi si svolgono sopra la baia di Macao e illuminano il cielo notturno in una serie di spettacoli memorabili.
2. **Gran Premio di Macao:** Conosciuto come uno dei Gran Premi più antichi al mondo, questo evento attrae appassionati di

automobilismo da tutto il mondo. Le strade cittadine di Macao si trasformano in un circuito automobilistico ad alta velocità per competizioni di Formula 3, GT e moto.

3. **Festival di A-Ma:** Questo festival religioso onora la dea A-Ma, la protettrice dei pescatori. Durante il festival, i devoti visitano il Tempio di A-Ma, partecipano a cerimonie tradizionali e accendono incensi per chiedere protezione e buona fortuna.
4. **Macao Arts Festival:** Questo festival celebra le arti sceniche e visive con spettacoli teatrali, concerti, mostre d'arte e eventi culturali. Artisti locali e internazionali si esibiscono in una varietà di discipline artistiche.
5. **Festival di Macao Food and Wine:** Questo evento gastronomico è un paradiso per gli amanti del cibo. I ristoranti di Macao offrono specialità locali e internazionali, mentre i produttori di vino presentano le loro migliori etichette.
6. **Festival della Música:** Questo festival musicale presenta una serie di concerti e spettacoli musicali di diversi generi, dal classico al contemporaneo. È un'occasione per apprezzare il talento musicale locale e internazionale.

Ricorda che le date e i dettagli specifici degli eventi e dei festival possono variare da un anno all'altro, quindi è consigliabile verificare le informazioni aggiornate prima di pianificare la tua visita a Macao. Partecipare a uno di questi eventi offre un'opportunità unica per immergersi nella cultura e nella vivacità di questa affascinante regione.

CAPITOLO 7: SHENZHEN

Shenzhen, conosciuta come una delle città più dinamiche e all'avanguardia della Cina, ci porta in un mondo moderno e tecnologicamente avanzato. In questo capitolo, esploreremo questa città unica, situata nella provincia del Guangdong, offrendo una panoramica delle sue caratteristiche distintive e delle esperienze eccezionali che i visitatori possono aspettarsi di vivere.

Introduzione a Shenzhen:

Shenzhen è una città che ha conosciuto uno sviluppo straordinario negli ultimi decenni. Da un piccolo villaggio di pescatori, è cresciuta fino a diventare un importante centro tecnologico, commerciale e culturale. Questa città moderna è famosa per la sua architettura futuristica, i parchi tematici, il dinamismo aziendale e le opportunità di shopping all'avanguardia.

Durante la tua visita a Shenzhen, potrai sperimentare l'energia e l'innovazione di una delle città più all'avanguardia al mondo. Questo capitolo ti guiderà attraverso le diverse attrazioni e aspetti della vita a Shenzhen, offrendoti un assaggio di tutto ciò che questa città ha da offrire. Che tu sia un appassionato di tecnologia, un amante della cucina o desideroso di scoprire la cultura contemporanea cinese, Shenzhen ha qualcosa di speciale per te.

Shenzhen Window of the World

Lo "Shenzhen Window of the World" è un parco tematico unico che offre ai visitatori l'opportunità di "viaggiare" in tutto il mondo in un solo giorno. Il parco presenta riproduzioni in scala di famosi luoghi e monumenti da tutto il mondo. Ecco come arrivarci:

1. **Dalla Stazione Ferroviaria di Shenzhen o dei Traghetti:** Se arrivi a Shenzhen in treno o traghetto, dovrai dirigerti verso la zona del centro della città. Da lì, puoi prendere un taxi o utilizzare il trasporto pubblico per raggiungere lo "Shenzhen Window of the World". I taxi sono facilmente disponibili nelle stazioni dei treni e dei traghetti.
2. **In Taxi:** Prendere un taxi è un modo comodo per raggiungere il parco. Puoi semplicemente dire al conducente di portarti allo

"Shenzhen Window of the World" ( ) e sarai condotto direttamente al tuo destino.

3. **Mezzi Pubblici:** Puoi utilizzare il trasporto pubblico per raggiungere il parco. Consulta le mappe delle linee degli autobus locali per individuare quelle che passano vicino al "Shenzhen Window of the World". Scendi alla fermata più vicina e segui le indicazioni per raggiungere il parco a piedi.

Una volta arrivato al "Shenzhen Window of the World," sarai in grado di esplorare le sue numerose attrazioni, tra cui miniere dei principali luoghi del mondo, spettacoli culturali e parate. Questo parco è una destinazione ideale per le famiglie e per chi desidera fare un viaggio globale in un'unica location.

Parco di Splendid China

Il "Parco di Splendid China" è un altro parco tematico a Shenzhen, noto per rappresentare le principali attrazioni e repliche culturali della Cina in scala ridotta. Questo parco offre una straordinaria opportunità di esplorare la vasta eredità culturale, storica e paesaggistica della Cina in un'area compatta. Ecco come arrivarci:

1. **Dalla Stazione Ferroviaria di Shenzhen o dei Traghetti:** Se arrivi a Shenzhen in treno o traghetto, dovrai dirigersi verso la zona centrale della città. Da lì, puoi prendere un taxi o utilizzare il trasporto pubblico per raggiungere il "Parco di Splendid China."
2. **In Taxi:** Prendere un taxi è un modo comodo per raggiungere il parco. Comunica al conducente che desideri andare al "Parco di Splendid China" ( ). Sarai condotto direttamente al parco.
3. **Mezzi Pubblici:** Puoi utilizzare il trasporto pubblico per raggiungere il parco. Consulta le mappe delle linee degli autobus locali per trovare quelle che passano vicino al "Parco di Splendid China." Scendi alla fermata più vicina e segui le indicazioni per raggiungere il parco a piedi.

All'interno del "Parco di Splendid China," avrai l'opportunità di esplorare le repliche di molti famosi luoghi e attrazioni cinesi. Il parco è noto anche per le esibizioni culturali, tra cui spettacoli tradizionali, danze, e altre manifestazioni culturali. Questo parco è un'esperienza unica per conoscere e apprezzare la diversità culturale e geografica della Cina, tutto in un'unica posizione conveniente.

Shenzhen Safari Park

Lo "Shenzhen Safari Park" è una delle principali attrazioni per gli amanti degli animali e della natura a Shenzhen. Questo parco offre l'opportunità di osservare da vicino una vasta gamma di animali in uno spazio spettacolare. Ecco come arrivarci:

1. **Dalla Stazione Ferroviaria di Shenzhen o dei Traghetti:** Se arrivi a Shenzhen in treno o traghetto, dovrai dirigersi verso la zona del nord-ovest della città, in quanto il parco si trova in questa parte. Da lì, puoi prendere un taxi o utilizzare il trasporto pubblico per raggiungere il "Shenzhen Safari Park."
2. **In Taxi:** Prendere un taxi è un modo comodo per raggiungere il parco. Comunica al conducente che desideri andare al

"Shenzhen

Safari Park" ( ). Sarai condotto direttamente al parco.

3. **Mezzi Pubblici:** Puoi utilizzare il trasporto pubblico per raggiungere il parco. Consulta le mappa delle linee degli autobus locali per individuare quelle che passano vicino al "Shenzhen Safari Park." Scendi alla fermata più vicina e segui le indicazioni per raggiungere il parco a piedi.

All'interno del "Shenzhen Safari Park," potrai vedere una vasta gamma di animali, dai grandi felini e elefanti ai simpatici lemuri e pinguini. Il parco è noto per le aree di pascolo aperte che permettono ai visitatori di osservare gli animali in condizioni simili a quelle naturali. È una destinazione ideale per una gita in famiglia o per chiunque sia interessato alla fauna selvatica. Inoltre, il parco organizza spettacoli ed esperienze interattive per i visitatori, rendendo l'esperienza ancora più coinvolgente.

Città Vecchia di Dapeng

La "Città Vecchia di Dapeng" è un affascinante borgo storico situato nel distretto di Longgang, a Shenzhen. Questa antica città conserva gran parte del suo carattere originale e offre un affascinante sguardo nel passato della regione. Ecco come arrivarci:

1. **Dalla Stazione Ferroviaria di Shenzhen o dei Traghetti:** Se arrivi a Shenzhen in treno o traghetto, dovrai dirigersi verso la zona est della città, dove si trova il distretto di Longgang. Da lì, puoi prendere un taxi o utilizzare il trasporto pubblico per raggiungere la
   "Città Vecchia di Dapeng."
2. **In Taxi:** Prendere un taxi è un modo comodo per raggiungere la città vecchia. Comunica al conducente che desideri andare alla

"Città Vecchia di Dapeng" ( ). Sarai condotto direttamente al tuo destino.

3. **Mezzi Pubblici:** Puoi utilizzare il trasporto pubblico per raggiungere la città vecchia. Consulta le mappe delle linee degli

autobus locali per trovare quelle che passano vicino alla "Città Vecchia di Dapeng." Scendi alla fermata più vicina e segui le indicazioni per raggiungere il borgo a piedi.

Una volta arrivato alla "Città Vecchia di Dapeng," ti troverai in un affascinante borgo storico con strade acciottolate, edifici antichi e una storia che affonda le radici in epoche lontane. Potrai esplorare il patrimonio culturale della Cina, visitare templi, musei e assaporare la cucina tradizionale della regione. La città vecchia è circondata da un'atmosfera autentica e ti offre una pausa affascinante dalla modernità di Shenzhen.

Parco OCT East

L'OCT East è una destinazione turistica unica situata a Shenzhen, nota per la sua combinazione di attrazioni di svago, natura e cultura. Ecco come arrivarci:

1. **Dalla Stazione Ferroviaria di Shenzhen o dei Traghetti:** Se arrivi a Shenzhen in treno o traghetto, dovrai dirigersi verso la zona orientale della città. Da lì, puoi prendere un taxi o utilizzare il trasporto pubblico per raggiungere l'OCT East.
2. **In Taxi:** Prendere un taxi è un modo comodo per raggiungere il complesso OCT East. Comunica al conducente che desideri andare all'OCT East ( ). Sarai condotto direttamente al tuo destino.
3. **Mezzi Pubblici:** Puoi utilizzare il trasporto pubblico per raggiungere l'OCT East. Consulta le mappe delle linee degli autobus locali per trovare quelle che passano vicino all'area. Scendi alla fermata più vicina e segui le indicazioni per raggiungere il complesso a piedi.

All'interno del complesso OCT East, troverai un'ampia gamma di attrazioni, tra cui parchi tematici, giardini botanici, aree di svago, ristoranti e spettacoli culturali. Alcune delle principali attrazioni includono il "Ecoventure Valley," il "Tea Stream Valley," e l'"Huaxing Temple." Potrai trascorrere del tempo immerso nella natura, goderti spettacoli artistici e culturali e sperimentare la variegata cucina cinese. L'OCT East è una destinazione ideale per una giornata di svago e cultura nella natura.

Distretto Hi-Tech di Shenzhen

Il "Distretto Hi-Tech di Shenzhen," noto anche come il "Parco Tecnologico di Shenzhen," è una delle principali aree di innovazione e tecnologia della Cina. Ecco come arrivarci:

1. **Dalla Stazione Ferroviaria di Shenzhen o dei Traghetti:** Se arrivi a Shenzhen in treno o traghetto, dovrai dirigersi verso la zona nord-occidentale della città, dove si trova il distretto hi-tech. Da lì, puoi prendere un taxi o utilizzare il trasporto pubblico per raggiungere l'area.
2. **In Taxi:** Prendere un taxi è un modo comodo per raggiungere il Distretto Hi-Tech. Comunica al conducente che desideri andare al

"Distretto Hi-Tech di Shenzhen" ( ). Sarai condotto direttamente al tuo destino.

3. **Mezzi Pubblici:** Puoi utilizzare il trasporto pubblico per raggiungere il distretto. Consulta le mappe delle linee degli autobus locali per individuare quelle che passano vicino all'area. Scendi alla fermata più vicina e segui le indicazioni per raggiungere il Distretto HiTech a piedi.

Il Distretto Hi-Tech di Shenzhen è noto per essere un centro di innovazione tecnologica e sviluppo industriale. Questa area ospita numerose aziende tecnologiche di spicco, laboratori di ricerca e sviluppo e centri di formazione. Se sei interessato alla tecnologia e all'innovazione, potrai scoprire gli ultimi sviluppi nei settori dell'elettronica, dell'informatica e delle telecomunicazioni. Inoltre, l'area ospita eventi e mostre legate alla tecnologia, che possono essere interessanti per gli appassionati del settore.

Elettronica e Mercati degli Smartphone a Shenzhen

Shenzhen è famosa in tutto il mondo per essere un importante centro di produzione di dispositivi elettronici, in particolare smartphone e altri gadget tecnologici. Ecco alcune delle zone e dei mercati principali dove puoi scoprire l'elettronica a Shenzhen:

1. **Huaqiangbei Commercial Area:** Questo è il centro nevralgico dell'elettronica a Shenzhen e un paradiso per gli appassionati di tecnologia. Qui troverai una vasta gamma di dispositivi elettronici, componenti, gadget e smartphone. I negozi in questa zona vendono sia prodotti nuovi che usati, e potrai anche trovare pezzi di ricambio per dispositivi. Molti dei principali produttori di smartphone hanno sede in questa area.
2. **SEG Electronics Market:** Questo è un altro importante mercato dell'elettronica a Shenzhen, noto per la sua vasta gamma di dispositivi e componenti. È un luogo ideale per trovare smartphone, tablet, accessori elettronici e molto altro.
3. **Shenzhen Saige Electronics Market:** Questo mercato è specializzato in componenti elettronici e offre una vasta selezione di semiconduttori, resistenze, condensatori e altro ancora. È un punto di riferimento per gli appassionati di elettronica e per coloro che cercano componenti specifici per progetti fai-da-te.

Per raggiungere queste aree e mercati dell'elettronica, puoi utilizzare il trasporto pubblico o i taxi, a seconda della tua posizione. Assicurati di dedicare del tempo all'esplorazione di questi mercati, poiché offrono una vasta gamma di opzioni e una grande varietà di prodotti e componenti elettronici. Ricorda inoltre di contrattare i prezzi, in quanto la contrattazione è comune in questi mercati.

Maker Culture e Huaqiangbei

Il distretto di Huaqiangbei a Shenzhen è diventato un importante punto di riferimento per la "Maker Culture" o cultura dei creatori, dove gli appassionati di tecnologia, ingegneri, inventori e artigiani si riuniscono per creare, innovare e condividere idee. Ecco come la cultura dei creatori è strettamente legata a Huaqiangbei:

1. **Maker Spaces e Fab Labs:** A Huaqiangbei e nei suoi dintorni,

troverai molti spazi dedicati ai creatori, noti come "Maker Spaces" o "Fab Labs." Questi spazi sono attrezzati con attrezzi, strumenti e risorse che i creatori possono utilizzare per realizzare i propri progetti. Alcuni di questi spazi offrono anche corsi e workshop per aiutare i creatori a sviluppare le proprie competenze.

2. **Mercati dell'Elettronica:** Huaqiangbei è famosa per i suoi mercati dell'elettronica, dove è possibile acquistare componenti elettronici, schede Arduino, Raspberry Pi e altri dispositivi, oltre a gadget e dispositivi tecnologici. Questi mercati forniscono ai creatori una vasta gamma di risorse per i loro progetti.
3. **Innovazione e Collaborazione:** La cultura dei creatori a Shenzhen promuove l'innovazione e la collaborazione. Molte persone vengono qui per sviluppare prototipi, sperimentare con nuove idee e trovare partner per i loro progetti. È un ambiente ricco di opportunità per chi è appassionato di tecnologia e vuole portare avanti le proprie idee.
4. **Eventi e Comunità:** Huaqiangbei ospita eventi legati alla tecnologia, all'innovazione e alla cultura dei creatori. Partecipando a questi eventi, è possibile incontrare altri appassionati, apprendere dalle loro esperienze e condividere le proprie idee.

Se sei interessato alla Maker Culture e all'innovazione tecnologica, Huaqiangbei è un luogo imperdibile durante la tua visita a Shenzhen. Potrai immergerti in un ambiente che promuove la creatività e l'ingegnosità, con accesso a una straordinaria gamma di risorse tecnologiche e componenti elettronici per i tuoi progetti.

Mercati e Centri Commerciali a Shenzhen

Shenzhen è una città con una scena dello shopping eccezionale, offrendo una vasta gamma di mercati tradizionali e moderni centri commerciali. Ecco alcune delle destinazioni di shopping più popolari a Shenzhen:

Mercati:

1. **Huaqiangbei Electronics Market:** Questo è uno dei mercati dell'elettronica più grandi e famosi al mondo. È il luogo ideale per trovare smartphone, componenti elettronici, gadget e dispositivi di ogni tipo.
2. **Luo Hu Commercial City:** Questo mercato coperto offre una vasta selezione di abbigliamento, accessori, borse, scarpe e altro ancora. È noto per la varietà di prodotti a prezzi convenienti.
3. **Dongmen Market:** Situato nel distretto di Luohu, Dongmen Market è uno dei mercati di abbigliamento più antichi di Shenzhen. Qui puoi trovare abiti alla moda, scarpe e accessori.
4. **Luohu Commercial City:** Questo è uno dei mercati più grandi e ben noti di Shenzhen, noto per i suoi prodotti contraffatti e souvenir. È situato vicino al confine di Hong Kong, quindi attira molti visitatori internazionali.

Centri Commerciali:

1. **Coco Park:** Questo moderno complesso commerciale offre una varietà di negozi di abbigliamento, ristoranti, caffetterie e intrattenimento. È un luogo ideale per lo shopping e il tempo libero.
2. **MixC Shopping Mall:** MixC è uno dei centri commerciali più grandi di Shenzhen, con una vasta gamma di negozi di marca, ristoranti e intrattenimento. È una destinazione di shopping di alto livello.
3. **Kingkey 100:** Questa torre contiene il Kingkey Mall, un centro commerciale di lusso con marchi internazionali, ristoranti di alta classe e una vista panoramica sulla città dalla sua piattaforma di osservazione.
4. **Yitian Holiday Plaza:** Situato a Nanshan, questo centro commerciale combina negozi di moda, ristoranti, cinema e spazi per il tempo libero.
5. **Sea World Plaza:** Questa area è nota per i suoi ristoranti e bar

con vista sul mare, ed è un luogo ideale per cenare e trascorrere serate divertenti.

Shenzhen offre una varietà di esperienze di shopping, dalle autentiche esperienze di mercato alla moda di alta gamma nei moderni centri commerciali. Sia che tu stia cercando prodotti elettronici, abbigliamento alla moda o souvenir unici, troverai sicuramente un posto adatto alle tue esigenze.

Cucina Cinese e Internazionale a Shenzhen

Shenzhen è una città culturalmente diversificata, il che si riflette nella sua vasta scelta di cucina cinese e internazionale. Ecco alcune delle migliori opzioni per gustare la cucina a Shenzhen:

Cucina Cinese:

1. **Ristoranti di Dim Sum:** Shenzhen è famosa per i suoi deliziosi ristoranti di dim sum, dove puoi assaporare varietà di bocconcini cinesi come dumpling, baozi e involtini primavera.
2. **Ristoranti di Canard laqué:** Questi ristoranti specializzati offrono anatra alla pechinese, un piatto tradizionale cinese noto per la sua carne tenera e croccante pelle servita con pancake sottili e condimenti.
3. **Hotpot:** La cucina fonduta cinese, con il suo caratteristico brodo caldo e una selezione di carne, pesce, verdure e funghi, è una delle esperienze culinarie più amate.

Cucina Internazionale:

1. **Cucina Occidentale:** Shenzhen ospita una vasta gamma di ristoranti che servono piatti occidentali, tra cui bistecche, pizza, hamburger e cucina mediterranea.
2. **Ristoranti Giapponesi:** Troverai una varietà di ristoranti giapponesi che servono sushi, sashimi, ramen e altri piatti tradizionali.
3. **Ristoranti Coreani:** La cucina coreana è molto popolare a Shenzhen, con ristoranti che offrono barbecue coreano, bulgogi, kimchi

e altri piatti tradizionali.

4. **Cucina Messicana:** Se sei un appassionato di cibo messicano, ci sono ristoranti a Shenzhen che servono tacos, nachos, burritos e margarita.
5. **Ristoranti Indiani:** Gli amanti della cucina indiana troveranno una varietà di opzioni per gustare curry, tandoori e naan.
6. **Cucina Mediterranea:** Se desideri cibi come kebab, falafel o piatti a base di hummus, ci sono ristoranti mediterranei a tua disposizione.

Shenzhen offre un'ampia gamma di opzioni culinarie, consentendoti di esplorare una vasta gamma di sapori cinesi e internazionali. Che tu sia interessato a sperimentare la cucina locale o a gustare piatti internazionali, avrai molte possibilità per soddisfare il tuo palato.

Trasporti Pubblici e Come Spostarsi a Shenzhen

Shenzhen offre un sistema di trasporto pubblico ben sviluppato che include metropolitana, autobus e taxi. Ecco come puoi spostarti in
città:

1. **Metropolitana:** La metropolitana di Shenzhen è una delle opzioni di trasporto pubblico più comode ed efficienti. La rete è in costante espansione e collega molte parti della città. È pulita, sicura e offre tariffe convenienti. Puoi acquistare biglietti singoli o carte ricaricabili per l'utilizzo frequente.
2. **Autobus:** Shenzhen ha un ampio sistema di autobus che copre l'intera città. Gli autobus sono una buona opzione per raggiungere luoghi non serviti dalla metropolitana. Le tariffe sono generalmente basse, ma potrebbero essere necessarie monete esatte per il pagamento.
3. **Taxi:** I taxi sono ampiamente disponibili a Shenzhen e sono un modo comodo per spostarsi in città, specialmente se hai bisogno di raggiungere luoghi non serviti dalla metropolitana o dall'autobus. Assicurati che il tassametro sia acceso all'inizio

del viaggio.

4. **Biciclette:** Molte città cinesi, inclusa Shenzhen, offrono sistemi di condivisione delle biciclette. Puoi noleggiare una bicicletta utilizzando app dedicate e pedalare in città. È un'opzione ecologica per esplorare.
5. **Traghetto:** Shenzhen ha collegamenti via mare con Hong Kong e altre destinazioni. I traghetti sono un'opzione per gli spostamenti tra le isole e le aree costiere.
6. **Trasporto via treno:** Shenzhen è una delle principali città di collegamento con Hong Kong e il continente cinese tramite il sistema ferroviario ad alta velocità. Puoi prendere il treno per raggiungere altre città cinesi o Hong Kong in modo efficiente.
7. **Noleggio di auto:** Se desideri esplorare le aree circostanti o hai esigenze di viaggio specifiche, puoi noleggiare un'auto. Assicurati di avere una patente di guida internazionale, poiché le patenti straniere potrebbero non essere riconosciute.
8. **App di Navigazione:** Utilizza app di navigazione come Baidu Maps o Google Maps per pianificare i tuoi spostamenti, trovare le fermate degli autobus, verificare gli orari della metropolitana e calcolare i percorsi.

Il sistema di trasporto pubblico a Shenzhen è in costante crescita e offre un'opzione conveniente per spostarsi in città. Sia che tu desideri esplorare il centro della città, visitare le aree storiche o raggiungere le nuove zone di sviluppo, avrai molte opzioni a disposizione.

In conclusione, Shenzhen è una città dinamica, moderna e culturalmente diversificata con molto da offrire ai visitatori. Questo capitolo ha esplorato vari aspetti chiave di Shenzhen, dalla sua storia e cultura alla sua geografia, dalle principali attrazioni turistiche alle opzioni di trasporto pubblico. Speriamo che queste informazioni ti siano state utili per pianificare la tua visita a Shenzhen. Nelle pagine successive, esploreremo ulteriori aspetti di questa affascinante città, tra cui la sua economia, la vita notturna, gli eventi culturali e altro ancora. Che tu sia interessato alla tecnologia, alla cucina, alla storia o alla natura, Shenzhen offre una varietà di esperienze da scoprire. Continua a esplorare per approfondire la tua conoscenza su questa città unica.

CAPITOLO 8: GUANGZHOU

Introduzione a Guangzhou

Il capitolo successivo ci porterà nella vicina città di Guangzhou, una delle città più antiche e culturalmente ricche della Cina. Conosciuta anche come Canton, Guangzhou è il capoluogo della provincia del Guangdong ed è una delle principali metropoli cinesi. La città è rinomata per la sua storia, la sua cucina deliziosa e la sua importanza economica.

In questo capitolo, esploreremo la storia di Guangzhou, le principali attrazioni turistiche, la sua ricca tradizione culinaria, il sistema di trasporto pubblico e molte altre informazioni utili per il tuo viaggio a questa affascinante città. Che tu sia interessato alla storia, alla gastronomia, allo shopping o all'arte, Guangzhou ha qualcosa da offrire a tutti i tipi di viaggiatori. Continua a leggere per scoprire di più su questa città affascinante.

Attrazioni Principali a Guangzhou

Guangzhou è una città che mescola perfettamente la sua storia millenaria con una modernità vibrante. Ecco alcune delle principali attrazioni da non perdere quando visiti Guangzhou:

1. **Torre Canton (Canton Tower):** Questa imponente torre di trasmissione televisiva è uno dei punti focali del panorama di Guangzhou. Puoi salire sulla torre per goderti una vista panoramica spettacolare sulla città.
2. **Tempio dei Sei Banyan (Temple of the Six Banyan Trees):** Questo antico tempio buddista risale a oltre 1.400 anni fa ed è noto per le sue imponenti strutture e le statue sacre. È un importante sito religioso e culturale.
3. **Zhujiang New Town:** Questa moderna area della città è il cuore finanziario e commerciale di Guangzhou, con grattacieli impressionanti e luoghi di interesse come la biblioteca cittadina e l'Opera House di Guangzhou.
4. **Isola di Shamian:** Questa piccola isola nel fiume delle Perle è famosa per la sua architettura coloniale europea e le sue strade alberate. È un luogo ideale per una passeggiata tranquilla e per ammirare gli edifici storici.
5. **Museo di Guangdong:** Questo museo di storia naturale e cultura cinese offre una straordinaria collezione di reperti storici, tra cui reperti archeologici, opere d'arte antiche e molto altro.
6. **Chen Clan Academy:** Questa antica accademia è un esempio impressionante di architettura tradizionale cinese e ospita un museo dedicato all'arte e alla cultura.
7. **Mausoleo del Re Nanyue:** Questo mausoleo ospita i resti del re Nanyue, risalente al II secolo a.C., insieme a una collezione di reperti e oggetti preziosi.
8. **Yuexiu Park:** Questo ampio parco urbano offre una fuga verde dal caos della città, con laghi, giardini e la famosa statua del "Zhujiang New Town Five Rams."
9. **Cantonese Opera:** Non perderti la possibilità di assistere a uno spettacolo di opera cantonese, una forma tradizionale di spettacolo cinese con musica, canto e recitazione.
10. **Shangxiajiu Pedestrian Street:** Questa strada pedonale è

famosa per lo shopping e la cucina locale. Potrai assaporare i piatti più deliziosi di Guangzhou e fare shopping tra bancarelle e negozi tradizionali.

Queste sono solo alcune delle molte attrazioni che Guangzhou ha da offrire. La città offre una miscela affascinante di storia, cultura e modernità che affascinerà sicuramente i visitatori di tutti i gusti.

CAPITOLO 9: ALTRE ATTRAZIONI DELLA CINA

Nel capitolo successivo, esploreremo alcune delle attrazioni più affascinanti in altre parti della Cina. La Cina è un paese vasto e diversificato, ricco di cultura, storia e bellezze naturali. Oltre alle principali città come Pechino, Shanghai e Guangzhou, ci sono molte altre destinazioni straordinarie da scoprire. Tra le attrazioni che verranno esaminate:

Xi'an e l'Esercito di Terracotta

Xi'an è una delle città più antiche della Cina ed è famosa per ospitare l'Esercito di Terracotta, uno dei più importanti reperti archeologici al mondo. Ecco come raggiungere Xi'an e visitare questa straordinaria attrazione da alcune delle principali città cinesi:

Da Pechino:

In treno ad alta velocità: È possibile raggiungere Xi'an da Pechino in treno ad alta velocità. Il treno veloce da Pechino a Xi'an offre un viaggio confortevole e veloce, con una durata di circa 4-6 ore, a seconda del tipo di treno.

In aereo: Xi'an ha un aeroporto internazionale, l'Aeroporto Internazionale di Xi'an Xianyang (XIY), che serve voli nazionali e internazionali. È possibile prenotare un volo diretto da Pechino a Xi'an per risparmiare tempo.

Da Shanghai:

In treno ad alta velocità: Puoi prendere un treno ad alta velocità da Shanghai a Xi'an. Il viaggio in treno dura circa 6-8 ore, a seconda del tipo di treno.

In aereo: Xi'an è ben collegata a Shanghai attraverso voli diretti. Puoi prenotare un volo da Shanghai Pudong International Airport (PVG) all'Aeroporto Internazionale di Xi'an Xianyang (XIY).

Da Guangzhou:

In treno ad alta velocità: Xi'an è raggiungibile da Guangzhou in treno ad alta velocità. Il viaggio in treno dura circa 7-9 ore.

In aereo: Puoi prenotare un volo diretto da Guangzhou Baiyun International Airport (CAN) all'Aeroporto Internazionale di Xi'an Xianyang (XIY).

Una volta arrivato a Xi'an, puoi visitare l'Esercito di Terracotta prendendo un breve tragitto in autobus o taxi dalla città. Questa incredibile attrazione è situata a circa 40 chilometri a est di Xi'an, nella contea di Lintong. Xi'an offre anche una vasta gamma di altre attrazioni storiche e culturali da esplorare durante il tuo soggiorno.

Zhangjiajie e il Parco Nazionale di Wulingyuan

Zhangjiajie è famosa per il suo paesaggio pittoresco, che ha ispirato le spettacolari "Montagne Hallelujah" nel film "Avatar" di James Cameron. Il Parco Nazionale di Wulingyuan è una delle principali attrazioni della zona. Ecco come raggiungere Zhangjiajie e il parco da alcune delle principali città cinesi:

Da Pechino:

In aereo: Puoi volare da Pechino all'Aeroporto di Zhangjiajie Hehua (DYG). Il volo diretto dura circa 3 ore.

Da Shanghai:

In aereo: Puoi volare da Shanghai Pudong International Airport (PVG) o Shanghai Hongqiao International Airport (SHA) all'Aeroporto di Zhangjiajie Hehua (DYG). I voli diretti sono disponibili e il volo dura circa 3 ore.

Da Guangzhou:

In aereo: Puoi prenotare un volo diretto da Guangzhou Baiyun International Airport (CAN) all'Aeroporto di Zhangjiajie Hehua (DYG). Il volo ha una durata di circa 2,5 ore.

Una volta atterrato all'Aeroporto di Zhangjiajie Hehua, puoi raggiungere Zhangjiajie City e il Parco Nazionale di Wulingyuan in taxi o con l'autobus navetta dedicato. Le principali attrazioni del parco includono le Montagne Hallelujah e il Glass Bridge (Ponte di Vetro) di Zhangjiajie, che è uno dei più alti e lunghi ponti di vetro del mondo.

Nel parco, potrai esplorare sentieri escursionistici, ammirare le scogliere di arenaria, e vivere un'esperienza immersiva nella bellezza naturale unica di Zhangjiajie. Assicurati di pianificare il tuo soggiorno in anticipo, in quanto il parco è molto popolare tra i visitatori nazionali e internazionali.

Lhasa e il Tibet

Lhasa è la capitale del Tibet ed è conosciuta per la sua cultura e religione uniche, nonché per il maestoso Palazzo del Potala, un sito del patrimonio mondiale dell'UNESCO. Ecco come raggiungere Lhasa e visitare questa regione affascinante:

Da Pechino:

In aereo: Puoi volare da Pechino all'Aeroporto di Lhasa Gonggar (LXA). Il volo dura circa 4 ore. Tieni presente che il Tibet richiede un permesso speciale per i visitatori stranieri, noto come "Tibet Travel Permit" (Permesso di Viaggio per il Tibet). Assicurati di ottenere il permesso prima del tuo viaggio.

In treno: Puoi anche prendere il treno da Pechino a Lhasa, che offre una vista spettacolare dei paesaggi montagnosi. Il viaggio in treno dura circa 40 ore ed è noto per l'acclimatamento graduale all'altitudine.

Da Shanghai:

In aereo: Puoi volare da Shanghai Pudong International Airport (PVG) all'Aeroporto di Lhasa Gonggar (LXA). Il volo diretto dura circa 7 ore.

In treno: Se preferisci il treno, puoi prendere un treno da Shanghai a Lhasa. Il viaggio in treno dura circa 47-55 ore e offre viste spettacolari dei paesaggi tibetani.

Da Chengdu:

In aereo: Chengdu è una delle città più vicine al Tibet e offre voli diretti all'Aeroporto di Lhasa Gonggar (LXA). Il volo dura circa 2 ore.

In treno: Puoi anche prendere il treno da Chengdu a Lhasa. Il viaggio in treno dura circa 36 ore.

Una volta a Lhasa, puoi esplorare il Palazzo del Potala, il Monastero di Jokhang, il Monastero di Sera e altre attrazioni culturali e religiose. Tieni presente che il Tibet ha una quota elevata, quindi potresti dover affrontare problemi di altitudine. Assicurati di prendere le necessarie precauzioni e rispettare le regolamentazioni locali durante il tuo soggiorno nel Tibet.

La Grande Muraglia Cinese

La Grande Muraglia Cinese è uno dei siti storici più iconici al mondo e si estende per oltre 21.000 chilometri attraverso la Cina settentrionale. Ecco come raggiungere alcune delle sezioni più famose della Grande Muraglia da alcune delle principali città cinesi:

Da Pechino:
La sezione più visitata della Grande Muraglia, Badaling, è situata a circa 70 chilometri a nord-ovest di Pechino.
Puoi raggiungere Badaling in autobus turistici diretti, in treno o con un'auto a noleggio. È una delle sezioni più facilmente accessibili.

Da Shanghai:
Sebbene Shanghai sia situata a una distanza considerevole dalla Grande Muraglia, è comunque possibile visitare questa meraviglia. Puoi volare da Shanghai a Pechino e quindi seguire le indicazioni da Pechino per raggiungere la sezione di tua scelta.

Da Xi'an:
La sezione della Grande Muraglia a Jiayuguan, chiamata "Jiayuguan Pass," è situata vicino a Xi'an. Jiayuguan è l'estremità occidentale della Grande Muraglia. Puoi raggiungere Jiayuguan in treno o in aereo da Xi'an.

Da Datong:
Datong è un'altra città situata nel nord della Cina ed è famosa

per la sua sezione di Muraglia nota come “La Grande Muraglia di Datong.” Questa sezione è meno turistica rispetto a Badaling ed è accessibile da Datong in autobus o con un’auto a noleggio.

Da altre città cinesi:

La Grande Muraglia si estende attraverso diverse province cinesi, quindi le opzioni per visitarla variano a seconda della tua posizione in Cina. Puoi pianificare il tuo viaggio in base alla sezione che desideri visitare e alle opzioni di trasporto disponibili dalla tua città di partenza.

Ricorda che ci sono diverse sezioni della Grande Muraglia aperte ai visitatori, ognuna con le proprie caratteristiche. Assicurati di fare ricerche sulle diverse sezioni e scegliere quella che meglio si adatta alle tue preferenze e ai tuoi piani di viaggio.

Guilin e il Fiume Li

Guilin è famosa per la sua bellezza naturale spettacolare, con il Fiume Li che scorre attraverso paesaggi mozzafiato di montagne verdi e formazioni di picchi carsici. Ecco come raggiungere Guilin e il Fiume Li da alcune delle principali città cinesi:

Da Pechino:

In aereo: Puoi volare da Pechino all’Aeroporto di Guilin Liangjiang (KWL), con un volo diretto che dura circa 3,5 ore.

In treno: Puoi prendere un treno ad alta velocità da Pechino a Guilin, con un tempo di viaggio di circa 9-10 ore.

Da Shanghai:

In aereo: Puoi volare da Shanghai Pudong International Airport (PVG) o Shanghai Hongqiao International Airport (SHA) all’Aeroporto di Guilin Liangjiang (KWL) con voli diretti che durano circa 2,5 ore.

Da Guangzhou:

In treno: Puoi prendere un treno ad alta velocità da Guangzhou a Guilin. Il viaggio in treno dura circa 2-3 ore.

In autobus: È possibile raggiungere Guilin da Guangzhou anche in autobus, se preferisci questo mezzo di trasporto.

Una volta a Guilin, puoi esplorare il centro della città e poi dirigerti verso il Fiume Li per un'escursione in barca che ti porterà attraverso i

famosi paesaggi di montagne e fiumi. La zona del Fiume Li è famosa per le sue formazioni di picchi carsici, noti come picchi di Lushan, che sembrano emergere dall'acqua. Questa è un'esperienza imperdibile per gli amanti della natura e della bellezza panoramica.

Hangzhou e il Lago dell'Ovest

Hangzhou è una delle città più pittoresche della Cina, nota per il suo Lago dell'Ovest (West Lake) e per la bellezza dei suoi giardini e templi. Ecco come raggiungere Hangzhou e goderti il Lago dell'Ovest da alcune delle principali città cinesi:

Da Shanghai:

In treno ad alta velocità: Hangzhou è situata a una breve distanza da Shanghai, ed è facilmente raggiungibile in treno ad alta velocità. Il viaggio in treno tra Shanghai e Hangzhou dura circa 1-1,5 ore.

In autobus: Puoi anche prendere un autobus da Shanghai a Hangzhou. Il tempo di viaggio in autobus varia a seconda del traffico, ma solitamente dura circa 2-3 ore.

Da Pechino:

In aereo: Puoi volare da Pechino all'Aeroporto di Hangzhou Xiaoshan (HGH). Il volo diretto dura circa 2,5-3 ore.

In treno ad alta velocità: Puoi prendere un treno ad alta velocità da Pechino a Hangzhou, con un tempo di viaggio di circa 5-6 ore.

Da Guangzhou:

In aereo: Puoi volare da Guangzhou all'Aeroporto di Hangzhou Xiaoshan (HGH) in un volo diretto che dura circa 2,5 ore.

In treno ad alta velocità: Puoi prendere un treno ad alta velocità da Guangzhou a Hangzhou, con un tempo di viaggio di circa 5-6 ore.

Una volta a Hangzhou, puoi esplorare il Lago dell'Ovest, che offre splendide vedute panoramiche, isole pittoresche e templi storici. Puoi noleggiare una barca per una crociera sul lago o fare una passeggiata lungo le sue rive. Hangzhou è anche famosa per il suo tè Longjing (Tè del Dragone e del Leone), e puoi visitare le piantagioni di tè locali per un'esperienza autentica. Non perderti l'opportunità di esplorare i giardini tradizionali cinesi, come il Giardino Hu Xueyan e il Tempio Lingyin, durante la tua visita a Hangzhou.

Pingyao e le Mura della Città Antica

Pingyao è una città storica ben conservata, famosa per le sue mura della città antica e le strade tradizionali. Ecco come raggiungere Pingyao e le mura della città antica da alcune delle principali città cinesi:

Da Pechino:

In treno ad alta velocità: Puoi prendere un treno ad alta velocità da Pechino a Pingyao. Il viaggio in treno dura circa 4-5 ore ed è una delle opzioni più convenienti per raggiungere Pingyao.

Da Xi'an:

In treno ad alta velocità: Puoi prendere un treno ad alta velocità da Xi'an a Pingyao. Il viaggio in treno dura circa 3-4 ore.

Da Taiyuan:

In treno: Taiyuan è la capitale della provincia di Shanxi, situata nelle vicinanze di Pingyao. Puoi prendere un treno da Taiyuan a Pingyao, e il viaggio dura circa 2-3 ore.

Da altre città cinesi:

Se ti trovi in altre città cinesi, puoi raggiungere Pingyao attraverso la rete ferroviaria ad alta velocità o in autobus, a seconda della tua posizione.

Una volta a Pingyao, puoi esplorare le mura della città antica, che sono ben conservate e circondano il centro storico della città. Le mura offrono una vista panoramica sulla città e sulle strade tradizionali, dove puoi immergerti nella storia e nella cultura della Cina antica.

Pingyao è un gioiello ben conservato e offre un'esperienza autentica del passato cinese.

I Monti Huangshan (Montagne Gialle)

I Monti Huangshan sono famosi per le loro vette imponenti, le formazioni di granito uniche e le viste spettacolari. Ecco come raggiungere i Monti Huangshan da alcune delle principali città cinesi:

Da Pechino:

In aereo: Puoi volare da Pechino all'Aeroporto di Huangshan Tunxi (TXN). Il volo diretto dura circa 2,5 ore.

In treno: Puoi prendere un treno ad alta velocità da Pechino alla stazione ferroviaria di Huangshan North (Huangshan Beizhan). Il tempo di viaggio è di circa 4,5-5,5 ore.

Da Shanghai:

In treno ad alta velocità: Puoi prendere un treno ad alta velocità da Shanghai alla stazione ferroviaria di Huangshan North (Huangshan Beizhan). Il tempo di viaggio è di circa 4,5-5,5 ore.

Da Hangzhou:

In treno: Puoi prendere un treno da Hangzhou a Huangshan. Il tempo di viaggio varia da 2,5 a 3,5 ore, a seconda del tipo di treno.

Da Huangshan City:

Huangshan City è la città di base per esplorare i Monti Huangshan. Dalla stazione ferroviaria di Huangshan (Tunxi), puoi raggiungere Huangshan City in autobus o in taxi.

Una volta a Huangshan City, puoi organizzare il trasferimento ai Monti Huangshan, che si trovano a circa 60 chilometri dalla città. Ci sono autobus navetta e taxi disponibili per portarti alla base della montagna. Da lì, puoi salire a piedi o in funivia fino alla cima dei Monti Huangshan.

I Monti Huangshan sono noti per la loro bellezza panoramica e le famose "4 Attrazioni del Montagna": i pini, le scogliere, i mari di nuvole e le sorgenti termali. Questa è un'esperienza unica che offre la possibilità di ammirare la maestosità della natura in tutto il suo splendore.

CAPITOLO 10: ARTE MARZIALE CINESE - TAI CHI E KUNG FU

Le arti marziali cinesi, tra cui il Tai Chi e il Kung Fu, sono una parte intrinseca della cultura cinese e hanno una lunga storia di sviluppo e pratica. In questo capitolo, esploreremo le radici, le filosofie e le pratiche di queste discipline, offrendo un'ampia panoramica delle arti marziali tradizionali cinesi.

1. **Storia e Filosofia delle Arti Marziali Cinesi:** Cominceremo con una panoramica della storia e delle filosofie sottostanti delle arti marziali cinesi. Scopriremo come l'antica Cina ha contribuito allo sviluppo di queste discipline e come la filosofia taoista, buddhista e confuciana abbia influito sulla loro evoluzione.
2. **Tai Chi (Taijiquan):** Il Tai Chi è una delle arti marziali cinesi più conosciute ed è ampiamente praticato in tutto il mondo. Esamineremo le origini del Tai Chi, la sua filosofia centrale di equilibrio e armonia, e come venga praticato come forma di esercizio fisico e meditazione.
3. **Kung Fu (Wushu):** Il Kung Fu è un termine ampio che comprende una vasta gamma di stili di arti marziali cinesi.

Esploreremo l'evoluzione del Kung Fu, dai monaci Shaolin ai moderni spettacoli di arti marziali. Discuteremo anche l'importanza del Kung Fu come forma di autodifesa e come disciplina sportiva.

4. **Maestri e Scuole:** Scopriremo alcuni dei grandi maestri delle arti marziali cinesi e le scuole tradizionali che insegnano queste tecniche. Questi maestri hanno contribuito a preservare e diffondere le arti marziali cinesi in tutto il mondo.
5. **Tai Chi e Kung Fu nel Mondo Moderno:** Esamineremo come il Tai Chi e il Kung Fu siano diventati parte della cultura e della pratica di benessere in tutto il mondo. Analizzeremo anche come siano state adottate nelle competizioni sportive e nelle performance.
6. **Consigli per i Principianti:** Se sei interessato a iniziare la pratica del Tai Chi o del Kung Fu, forniremo alcuni consigli per principianti, inclusi suggerimenti su come trovare un maestro qualificato e su come iniziare la tua esperienza di apprendimento.

Sia il Tai Chi che il Kung Fu offrono un'opportunità unica di connettersi con la cultura cinese, migliorare la salute e acquisire abilità di autodifesa. Questo capitolo ti guiderà attraverso la storia, la filosofia e la pratica di queste affascinanti arti marziali.

CAPITOLO 11: ESPLORARE LA NATURA E LA CINA RURALE

Nel capitolo dedicato all'esplorazione della natura e delle aree rurali della Cina, affronteremo una vasta gamma di attività ed esperienze che permettono ai viaggiatori di entrare in contatto con l'ambiente naturale e le culture locali.

1. Escursioni e Trekking in Cina

L'esplorazione delle montagne, delle gole, dei parchi e delle riserve naturali della Cina tramite escursioni e trekking offre un'esperienza unica e affascinante per i viaggiatori. Ecco alcuni dei luoghi più iconici per escursioni e trekking in Cina:

Le Montagne Gialle (Huangshan): Le Montagne Gialle sono celebri per le loro vette scoscese, le nuvole e i panorami mozzafiato. Escursionisti e fotografi di tutto il mondo visitano questa destinazione per ammirare il sorgere del sole tra le nuvole. Le escursioni qui offrono una varietà di percorsi, dai facili sentieri panoramici alle sfide più impegnative.

Jiuzhaigou Valley: Questa valle è famosa per i suoi laghi color smeraldo, le cascate spettacolari e le foreste lussureggianti. Jiuzhaigou è un luogo ideale per escursioni leggere e offre molte opzioni di sentieri per esplorare la sua bellezza naturale.

Salto della Tigre (Tiger Leaping Gorge): Questo canyon è uno dei più profondi al mondo ed è una destinazione popolare per l'escursionismo. Ci sono sentieri di diverse difficoltà che portano i visitatori a lungo il fiume e a viste spettacolari.

Monti Fanjing: Questi monti sono situati nella provincia del Guizhou e sono un sito del patrimonio mondiale dell'UNESCO. Offrono diverse opportunità per escursioni e trekking, con una varietà di paesaggi, tra cui foreste di pietra, cime e templi buddisti.

Durante le escursioni e il trekking in queste zone, i viaggiatori possono ammirare la bellezza naturale, godere del silenzio della natura e immergersi nella cultura locale. Assicurati di essere preparato con attrezzature adeguate, acqua e cibo per garantire una piacevole esperienza all'aperto.

2. Rafting e Canottaggio in Cina

La Cina offre diverse opportunità per il rafting e il canottaggio in scenari naturali mozzafiato. Ecco alcune delle destinazioni più note per queste emozionanti attività acquatiche:

Fiume Li: Il Fiume Li, situato nella regione del Guangxi, è una delle destinazioni più popolari per il rafting. Le sue acque tranquille attraversano paesaggi pittoreschi e incredibili formazioni di picchi carsici. Il rafting sul Fiume Li offre una vista spettacolare sulla campagna cinese.

Fiume Yangtze: Il Fiume Yangtze è il fiume più lungo della Cina e offre diverse opportunità per il canottaggio e il rafting, in particolare nella regione delle Tre Gole. Le gole sono famose per le loro rapide impegnative e rappresentano un'esperienza emozionante per gli amanti delle attività acquatiche.

Fiume Nujiang: Situato nella provincia dello Yunnan, il Fiume Nujiang offre spettacolari opportunità per il rafting. Questo fiume scorre attraverso gole profonde e paesaggi mozzafiato, offrendo una sfida unica agli appassionati di rafting.

Fiume Yarlung Tsangpo (Brahmaputra): Questo fiume è uno dei più impetuosi al mondo e offre alcune delle sfide più estreme per il rafting. Le avventure lungo il Fiume Yarlung Tsangpo porteranno i partecipanti attraverso gole remote e selvagge.

Fiume Lancang (Mekong): Il Fiume Lancang scorre attraverso le province del sud-ovest della Cina e offre opportunità per il canottaggio e il rafting. Questo fiume attraversa aree di straordinaria bellezza naturale e fornisce un'esperienza avventurosa.

Queste destinazioni offrono sfide di rafting e canottaggio adatte a tutti i livelli di esperienza, dai principianti ai più esperti. Prima di intraprendere queste attività, assicurati di seguire le norme di sicurezza, indossare attrezzature protettive e seguire le istruzioni dei tuoi guide. Il rafting e il canottaggio in Cina ti consentono di vivere un'esperienza emozionante e di immergerti nella bellezza naturale delle sue acque.

3. Parchi Naturali e Riserve in Cina

La Cina è benedetta con una vasta gamma di parchi naturali e riserve, ognuna con la sua biodiversità unica e spettacolari paesaggi. Ecco alcune delle destinazioni più iconiche per l'esplorazione della natura e della vita selvatica in Cina:

Parco Nazionale di Zhangjiajie: Situato nella provincia di Hunan, questo parco è noto per i suoi pilastri di arenaria alti e le gole scoscese. I sentieri panoramici, le passerelle di vetro e le spettacolari formazioni rocciose sono tra le attrazioni principali. È anche il luogo che ha ispirato il mondo di Pandora nel film "Avatar".

Parco Nazionale di Wulingyuan: Questo parco, anch'esso situato nella provincia di Hunan, è famoso per le sue torri di arenaria simili a pilastri, ponti di pietra naturale e fitti boschi. Il parco è un sito del patrimonio mondiale dell'UNESCO ed è perfetto per l'escursionismo e l'osservazione della fauna.

Parco Nazionale di Jiuzhaigou: Questo parco, situato nella provincia di Sichuan, è noto per i suoi laghi turchesi, cascate spettacolari e le vette delle montagne circostanti. Jiuzhaigou è un paradiso per gli amanti della natura e offre una vasta gamma di sentieri escursionistici.

Parco Nazionale di Pudacuo: Si trova nella regione dello Yunnan ed è il primo parco nazionale della Cina. Il parco è caratterizzato da laghi cristallini, prati alpini e foreste lussureggianti. È un luogo ideale per l'osservazione della fauna e il trekking.

Parco Nazionale di Sanjiangyuan: Situato nell'altopiano del Tibet, questo parco è noto come la "sorgente di tre fiumi" ed è un importante ecosistema alpino. È il luogo di origine di tre grandi fiumi cinesi: il Fiume Giallo, il Fiume Yangtze e il Fiume Lancang (Mekong).

Questi parchi nazionali e riserve offrono una straordinaria varietà di paesaggi, dalla bellezza spettacolare delle montagne alle meraviglie dell'acqua e alle profondità delle foreste. Sono anche habitat per una ricca biodiversità e offrono molte opportunità per l'osservazione della fauna e il contatto con la natura. Assicurati di seguire le norme di conservazione e rispettare l'ambiente naturale mentre esplori questi incredibili parchi e riserve.

4. Esplorare la Cina Rurale

L'esplorazione della Cina rurale offre un'opportunità unica per scoprire la vita autentica, le culture locali e le tradizioni delle comunità rurali del paese. Ecco come puoi immergerti nell'atmosfera della Cina rurale:

Visita ai Villaggi Tradizionali: La Cina è punteggiata da numerosi villaggi tradizionali, ognuno con la propria storia, architettura e usanze. Alcuni di questi villaggi, come Xidi e Hongcun nell'Anhui, sono siti del patrimonio mondiale dell'UNESCO e offrono una visione del passato cinese. Potrai passeggiare tra le strade lastricate di queste comunità ben conservate e scoprire l'arte, l'architettura e la cultura tradizionale.

Agriturismo: Un modo straordinario per immergerti nella vita rurale cinese è soggiornare in un agriturismo. Questi sono sparsi in tutta la Cina e offrono l'opportunità di partecipare alle attività agricole quotidiane, come la raccolta del riso, la cura degli animali e la produzione di cibo. È un'esperienza pratica e autentica.

Mercati Locali: I mercati locali nelle aree rurali offrono una varietà di prodotti freschi e prodotti artigianali. I visitatori possono acquistare prodotti alimentari tradizionali, tessuti, ceramica e oggetti d'artigianato unici, mentre interagiscono con i residenti locali.

Feste e Tradizioni: Molte comunità rurali cinesi mantengono vivi antichi rituali e celebrazioni. Partecipare a festival locali o osservare cerimonie tradizionali può darti una comprensione più profonda della cultura cinese.

Attività all'Aperto: Le zone rurali offrono molte opportunità per attività all'aperto, come escursioni, ciclismo, passeggiate a cavallo e persino la pesca. I paesaggi naturali e l'aria fresca delle campagne cinesi rendono queste attività ancora più appaganti.

Apprezzare la Cucina Rurale: La cucina rurale cinese è spesso a base di ingredienti locali freschi. Gusta i piatti tradizionali cucinati dai residenti locali, scopri i sapori autentici e apprezza il cibo di produzione propria.

L'esplorazione della Cina rurale ti consente di sfuggire alla frenesia delle città e di immergerti nella vita autentica delle comunità locali. È un modo straordinario per sperimentare la cultura, le tradizioni e la bellezza naturale della Cina al di fuori dei centri urbani.

CAPITOLO 12: ALLOGGI E SISTEMAZIONE IN CINA

Quando pianifichi un viaggio in Cina, la scelta dell'alloggio è fondamentale per garantire un soggiorno piacevole e confortevole. In questo capitolo, esamineremo le diverse opzioni di alloggio disponibili in Cina, dai lussuosi hotel urbani alle tradizionali case per gli ospiti nei villaggi rurali. Ecco un'ampia panoramica delle opzioni di sistemazione:

1. **Hotel:** La Cina offre una vasta gamma di hotel, dai lussuosi alberghi a cinque stelle con servizi completi alle opzioni economiche per i viaggiatori con budget limitato. Le principali città cinesi, come Pechino, Shanghai e Guangzhou, ospitano numerose catene alberghiere internazionali, oltre a hotel boutique e pensioni di lusso.

2. **Ospiti in Famiglia:** Molti viaggiatori cercano esperienze più autentiche e si rivolgono alle ospiti in famiglia. Questa opzione consente di soggiornare presso famiglie locali che offrono camere in affitto. È un'opportunità per immergersi nella cultura cinese, condividere pasti e interagire con i residenti.

3. **Ostelli:** Gli ostelli sono una scelta popolare tra i viaggiatori con budget limitato. In molte città cinesi, troverai ostelli puliti e confortevoli con camere private o dormitori. È un modo eccellente per incontrare altri viaggiatori e risparmiare sui costi dell'alloggio.

4. **Agriturismo:** Se desideri un'esperienza unica nelle zone rurali, considera l'opzione dell'agriturismo. Molte famiglie rurali offrono sistemazioni e ti consentono di partecipare alle attività agricole locali.

5. **Monasteri e Templi:** In alcune parti della Cina, puoi trovare alloggi presso monasteri e templi. Questa è un'opzione per i viaggiatori in cerca di una profonda esperienza culturale e

spirituale.

6. **Alloggio in Case Galleggianti:** Nelle aree con corsi d'acqua, come le città d'acqua di Suzhou, ci sono alloggi tradizionali in case galleggianti. Questa è un'esperienza unica per chi desidera esplorare la bellezza dei canali cinesi.

7. **Alloggio in Grotte:** In alcune aree come la Cina centrale, puoi trovare sistemazioni in grotte scavate nella roccia. Questa è una scelta insolita per i viaggiatori avventurosi.

8. **Campeggio:** Se desideri un'esperienza all'aperto, alcune aree naturali in Cina consentono il campeggio. Tieni presente che il campeggio può richiedere l'approvazione e l'organizzazione preliminare.

Indipendentemente dall'opzione di alloggio scelta, assicurati di prenotare in anticipo, specialmente durante le stagioni turistiche. Considera anche la posizione, il tuo budget e le tue preferenze personali quando scegli l'alloggio. La Cina offre una vasta gamma di opzioni per soddisfare le esigenze di tutti i viaggiatori.

CAPITOLO 13: HOTEL STRATEGICI NELLE PRINCIPALI CITTÀ CINESI

Quando visiti le principali città cinesi, la scelta dell'alloggio strategico può rendere il tuo soggiorno più agevole e comodo. In questo capitolo, esploreremo alcuni degli hotel strategici nelle città chiave della Cina, fornendo informazioni utili sui loro servizi, la posizione e le attrazioni nelle vicinanze. Ecco un elenco di hotel raccomandati:

Pechino:

1. **Grand Hyatt Beijing:** Situato nel cuore del centro di Pechino, offre una vista spettacolare sulla Città Proibita. È ideale per esplorare i principali luoghi di interesse, tra cui la Piazza Tiananmen e il Tempio del Cielo.
2. **The Peninsula Beijing:** Questo hotel di lusso si trova vicino alla Città Proibita e offre servizi eccezionali, tra cui una spa di classe mondiale.
3. **Peking Yard Hostel:** Se cerchi un'opzione più economica, questo ostello carino offre camere confortevoli e un'atmosfera accogliente.

Shanghai:

1. **The Ritz-Carlton, Shanghai:** Situato nella Torre Jin Mao, questo hotel di lusso offre viste panoramiche sulla città. È vicino alla
Torre di Shanghai e al Museo di Shanghai.
2. **Moller Villa Hotel:** Questo hotel boutique è situato in una storica villa e offre un'esperienza unica a Shanghai. Si trova nelle vicinanze del Bund e del Museo di Shanghai.
3. **Shanghai Blue Mountain Bund Youth Hostel:** È un'opzione economica con un'ottima posizione vicino al Bund e alla zona del

Bund finanziario di Pudong.

Guangzhou:

1. **Four Seasons Hotel Guangzhou:** Questo hotel di lusso si trova nella torre IFC ed è uno dei più alti grattacieli di Guangzhou. Offre viste spettacolari sulla città e si trova vicino al Canton Tower.
2. **Clifford Hotel:** Situato nel distretto di Pazhou, vicino al Centro Esposizioni di Canton, è una scelta eccellente per i viaggiatori d'affari.
3. **Lazy Gaga Hostel:** Un ostello economico con una posizione conveniente per esplorare la città e i suoi mercati.

Questi sono solo alcuni degli hotel strategici nelle principali città cinesi. Quando prenoti il tuo alloggio, considera la posizione rispetto alle attrazioni che desideri visitare e le tue preferenze personali in termini di budget e servizi. Ricorda che le città cinesi offrono una vasta gamma di opzioni di alloggio, dai lussuosi hotel di catena ai confortevoli ostelli e alle case per gli ospiti tradizionali.

Prezzi Medi degli Hotel nelle Principali Città Cinesi

Ecco una panoramica approssimativa dei prezzi medi degli hotel nelle principali città cinesi:

Pechino:

- Hotel di lusso (5 stelle): Da 150 a 500 euro a notte.
- Hotel di fascia media (3-4 stelle): Da 70 a 150 euro a notte.
- Ostelli e hotel economici: Da 20 a 70 euro a notte.

Shanghai:

- Hotel di lusso (5 stelle): Da 150 a 500 euro a notte.
- Hotel di fascia media (3-4 stelle): Da 80 a 200 euro a notte.
- Ostelli e hotel economici: Da 25 a 80 euro a notte.

Guangzhou:

- Hotel di lusso (5 stelle): Da 120 a 400 euro a notte.
- Hotel di fascia media (3-4 stelle): Da 60 a 150 euro a notte.
- Ostelli e hotel economici: Da 20 a 70 euro a notte.

Tieni presente che i prezzi possono variare notevolmente a seconda della posizione all'interno della città, della stagione (ad esempio, i prezzi tendono ad aumentare durante le festività nazionali cinesi) e delle promozioni speciali offerte dagli hotel. Assicurati di prenotare in anticipo per ottenere le migliori tariffe e di confrontare le opzioni di alloggio per trovare quella che meglio si adatta al tuo budget e alle tue esigenze.

CAPITOLO 14: TRASPORTI IN CINA

Il sistema di trasporti in Cina è estremamente sviluppato e variegato, consentendo ai viaggiatori di spostarsi comodamente in tutto il paese. In questo capitolo, esamineremo le opzioni di trasporto disponibili in Cina e come utilizzarle per esplorare le diverse regioni del paese.

Trasporto Aereo:

La Cina dispone di aeroporti internazionali principali che fungono da hub per i voli internazionali, con una vasta rete di voli domestici per collegare le città in tutto il paese.

Trasporto Ferroviario:

La Cina è famosa per la sua rete ferroviaria ad alta velocità, che collega molte delle principali città. Treni ad alta velocità cinesi sono noti per essere veloci, affidabili e confortevoli. La Cina dispone anche di treni tradizionali che collegano città più piccole e remote.

Trasporto Stradale:

La rete di autobus è ben sviluppata e collega molte destinazioni in tutto il paese, offrendo un'opzione economica per lo spostamento tra città. Le grandi città cinesi dispongono di servizi di taxi abbondanti e servizi di condivisione come Didi Chuxing, simile a Uber.

Trasporto Acquatico:
In alcune regioni, come la zona delle Tre Gole del Fiume Yangtze, è possibile utilizzare le navi da crociera per esplorare le bellezze naturali della Cina.

Trasporto Locale:
Le città principali, tra cui Pechino, Shanghai e Hong Kong, dispongono di sistemi di metropolitana efficienti per spostarsi in città. Gli autobus locali servono le aree urbane e i sobborghi delle città.

Trasporto in Regione Rurale:
In zone rurali, potresti trovare modalità di trasporto tradizionali come risciò e traghetti.

Servizi di Noleggio Auto:
Per chi desidera maggiore indipendenza, il noleggio auto è disponibile in molte città cinesi.

Biciclette e Scooter Elettrici:
In molte città cinesi, puoi noleggiare biciclette e scooter elettrici per esplorare le città in modo sostenibile.

Questo capitolo ti aiuterà a comprendere le diverse opzioni di trasporto in Cina e come utilizzarle per pianificare il tuo viaggio. Considera la tua destinazione, il tuo budget e le tue preferenze personali quando scegli il modo migliore per spostarti in Cina.

Prezzi Medi dei Taxi e dei Treni in Cina

I prezzi dei taxi e dei treni in Cina possono variare notevolmente a seconda della città, del tipo di servizio e della distanza. Ecco una panoramica più dettagliata dei prezzi medi dei taxi e dei treni in Cina:

Taxi:
Il costo di un taxi in Cina dipende da diversi fattori, ma solitamente il prezzo di partenza, noto come “bandiera iniziale”, varia tra 10 e 14 RMB, che corrispondono a circa 1,5-2

euro. Questo importo copre i primi chilometri del viaggio. Successivamente, la tariffa per ogni chilometro aggiuntivo è generalmente compresa tra 2 e 3 RMB per chilometro, equivalente a circa 0,25-0,40 euro. Se il taxi è fermo nel traffico o in attesa, potrebbe essere addebitata una tariffa oraria che va solitamente da 20 a 30 RMB per ogni 15 minuti di attesa, cioè circa 3-4 euro.

Tieni presente che i prezzi dei taxi possono variare leggermente da una città all'altra, ma questi sono prezzi approssimativi che ti consentono di avere un'idea generale delle tariffe.

Treni:

I prezzi dei biglietti ferroviari in Cina possono variare considerevolmente in base a diversi fattori. Ecco una stima approssimativa dei prezzi medi dei treni in Cina:

Treni ad Alta Velocità (Alta Velocità Cinese):

Classe economica: I biglietti per le tratte di media lunghezza solitamente costano tra 200 e 700 RMB, corrispondenti a circa 25-90 euro. Classe business o prima classe: Per le stesse tratte, i biglietti di prima classe o business hanno prezzi che vanno da 500 a 1.500 RMB, ossia circa 65-190 euro.

Treni Tradizionali (Classe Economica):

I biglietti per le tratte di media lunghezza generalmente variano tra 100 e 400 RMB, che equivale a circa 12-50 euro.

I prezzi dei treni possono variare notevolmente in base alla distanza del viaggio, al tipo di treno e alla classe del biglietto. È importante tenere presente che i prezzi dei treni ad alta velocità possono aumentare durante le festività nazionali cinesi, quando la domanda è elevata. Pertanto, è consigliabile consultare il sito web delle ferrovie cinesi o visitare una stazione ferroviaria locale per ottenere informazioni specifiche sui prezzi dei biglietti e prenotare con anticipo per ottenere le migliori tariffe e le opzioni di orari più adatte al tuo viaggio.

CAPITOLO 15: MIGLIORI RISTORANTI DEL PAESE PECHINO:

Duck de Chine

Indirizzo: 1949 The Hidden City, Courtyard 4, Gongti Beilu, Chaoyang District, Pechino
Descrizione: Duck de Chine è famoso per la sua cucina pechinese di alta qualità e offre uno dei migliori Peking Duck (anatra alla pechinese) di Pechino. Il ristorante si trova in un ambiente elegante e offre un'esperienza culinaria autentica.
Jing Yaa Tang

Indirizzo: The Opposite House, Building 1, Sanlitun Village, No. 11 Sanlitun Road, Chaoyang District, Pechino
Descrizione: Jing Yaa Tang è rinomato per servire cucina pechinese autentica con un focus particolare sul Peking Duck. Il ristorante offre piatti tradizionali e moderni in un ambiente accogliente e di design.
Shanghai:

Ultraviolet by Paul Pairet

Indirizzo: Bund 18, 6/F, 18 Zhongshan Dongyi Lu, Wai Tan, Huangpu District, Shanghai
Descrizione: Ultraviolet by Paul Pairet è un'esperienza culinaria unica che coinvolge tutti i tuoi sensi. È uno dei ristoranti più innovativi al mondo, offrendo una degustazione multisensoriale indimenticabile.
Lost Heaven

Indirizzo: No. 17, 218 Xinle Lu, French Concession, Shanghai
Descrizione: Lost Heaven è un ristorante etnico che serve cucina dei popoli etnici del sud-ovest cinese. L'atmosfera è eclettica e avvolgente, e i piatti riflettono la diversità culinaria della regione.

Shenzhen:

ShenZhouYi

Indirizzo: Building 9, Hexing Garden, Nanshan Avenue, Nanshan District, Shenzhen
Descrizione: ShenZhouYi è un ristorante rinomato per la sua cucina del Sichuan e il suo ambiente elegante. Offre una vasta gamma di piatti piccanti e deliziosi che riflettono la ricca tradizione culinaria del Sichuan.
Kuai Le Yuan

Indirizzo: 5/F, Wanxiangcheng, Shangbu South Road, Futian District, Shenzhen
Descrizione: Kuai Le Yuan è un ristorante di pesce noto per le sue pietanze fresche e deliziose. Questo accogliente ristorante offre una varietà di piatti a base di pesce preparati con maestria, garantendo un'esperienza culinaria memorabile.

CAPITOLO 16: AMBASCIATA E CONSOLATO ITALIANO IN CINA

L'Ambasciata d'Italia e i Consolati italiani in Cina svolgono un ruolo fondamentale nell'assistenza e nella protezione dei cittadini italiani in Cina e nelle relazioni diplomatiche tra i due paesi. Ecco le principali sedi diplomatiche italiane in Cina:

Ambasciata d'Italia a Pechino:

Indirizzo: No. 2, San Li Tun Dong Er Jie, Chaoyang District, Pechino
Orari di apertura: Lunedì - Venerdì, 9:00 - 12:30, 14:00 - 16:30
Funzioni principali: L'Ambasciata a Pechino gestisce le relazioni diplomatiche tra Italia e Cina. Fornisce assistenza consolare, visti e servizi per i cittadini italiani.

Consolato Generale d'Italia a Shanghai:

Indirizzo: Room 6701-6750, CITIC Square, 1168 Nanjing Road West, Jing'an District, Shanghai
Orari di apertura: Lunedì - Venerdì, 9:00 - 12:30
Funzioni principali: Il Consolato Generale a Shanghai offre servizi consolari, assistenza ai cittadini italiani, visti e promuove i legami culturali ed economici tra Italia e Cina.

Consolato Generale d'Italia a Guangzhou:

Indirizzo: 17/F Teem Tower, 208 Tianhe Road, Tianhe District, Guangzhou
Orari di apertura: Lunedì - Venerdì, 9:00 - 12:30
Funzioni principali: Il Consolato Generale a Guangzhou fornisce assistenza consolare, servizi visti e promuove i legami economici tra Italia e la regione del Guangdong.

Altre sedi consolari in Cina forniscono assistenza consolare in aree remote o meno popolose. È importante notare che i servizi consolari includono assistenza per passaporti, emergenze, notarile e altre questioni legate ai cittadini italiani in Cina. Prima di recarti a una sede consolare, è consigliabile verificare gli orari di apertura e prenotare un appuntamento, se necessario. In caso di emergenza, l'Ambasciata e i Consolati sono a disposizione per assisterti.

CAPITOLO 17: CONSIGLI PER I VIAGGIATORI

Prepararsi per un viaggio in Cina richiede una pianificazione accurata e alcune informazioni utili. Ecco alcuni consigli per i viaggiatori che desiderano esplorare questo affascinante paese:

Documenti di Viaggio:

Assicurati di avere un passaporto valido e verifica i requisiti del visto cinese. Ottenere il visto cinese potrebbe richiedere tempo, quindi pianifica in anticipo.

Salute e Sicurezza:

Consulta il tuo medico per le vaccinazioni e le precauzioni sanitarie necessarie. Porta con te un kit di pronto soccorso e acqua potabile.

Lingua:

Impara alcune frasi di base in cinese mandarino o porta con te una guida linguistica. Anche se molte persone nei centri urbani parlano inglese, il cinese può essere molto utile nelle zone meno turistiche.

Valuta:

La valuta cinese è il Renminbi (RMB) o Yuan (CNY). Assicurati di avere contanti con te, specialmente in aree remote, poiché le carte di credito potrebbero non essere accettate ovunque.

Elettricità:

La tensione e la presa elettrica in Cina sono diverse da quelle in molti altri paesi. Porta un adattatore universale e un convertitore se necessario.

Negoziare i Prezzi:

Nella maggior parte dei mercati e negozi locali, la negoziazione dei prezzi è comune. Preparati a contrattare per ottenere il miglior affare.

Questi suggerimenti ti aiuteranno a prepararti per il tuo viaggio in Cina. Ricorda che una pianificazione attenta è essenziale per goderti al massimo questa avventura.

CAPITOLO 18: FRASI UTILI IN CINESE

Durante il tuo viaggio in Cina, potrebbe essere utile conoscere alcune frasi e parole di base in cinese mandarino. Ecco un elenco di 50 parole e frasi tradotte dall'italiano al cinese in ordine alfabetico:

1. Aeroporto - (Jīchǎng)
2. Aiuto - (Bāngzhù)
3. Albergo - (Jiǔdiàn)
4. Ambasciata - (Dàshǐguǎn)
5. Bagaglio - (Xínglǐ)
6. Bagno - (Cèsuǒ)
7. Bancomat - (Zìdòng qǔkuǎn jī)
8. Biglietto - (Piào)
9. Buongiorno - (Zǎoshàng hǎo)
10. Buonasera - (Wǎnshàng hǎo)
11. Ciao - (Zàijiàn)
12. Cibo - (Shíwù)
13. Conto - (Zhàngdān)
14. Denaro - (Qián)
15. Documenti di Viaggio - (Lǚxíng wénjiàn)
16. Domani - (Míngtiān)
17. Grazie - (Xièxiè)
18. Ieri - (Zuótiān)
19. Lingua - (Yǔyán)
20. Medico - (Yīshēng)
21. Menu - (Càidān)
22. Mi scusi - (Duìbuqǐ)
23. Negoziare i Prezzi - (Tǎojià huánjià)
24. No - (Bù shì)
25. Numeri - (Shù)
26. Orario - (Shíjiān biǎo)

27. Ospedale - (Yīyuàn)
28. Per favore - (Qǐng)
29. Piatti vegetariani - (Sùshí)
30. Polizia - (Jǐngchá)
31. Ristorante - (Cānguǎn)
32. Salute - (Jiànkāng)
33. Salve - (Nǐ hǎo)
34. Sì - (Shì de)
35. Stazione ferroviaria - (Huǒchēzhàn)
36. Taxi - (Chūzūchē)
37. Treno - (Huǒchē)
38. Valuta - (Huòbì)
39. Veterinario - (Shòuyī)
40. Vigile del fuoco - (Xiāofáng yuán)
41. Vuoi ballare? - (Nǐ xiǎng tiàowǔ ma?)
42. Vuoi bere qualcosa? - (Nǐ xiǎng hē diǎn shénme?)
43. Vuoi uscire con me? - (Nǐ yuànyì hé wǒ chūqù ma?)
44. Dov'è il bagno? - (Cèsuǒ zài nǎlǐ?)
45. Quanto costa? - (Duōshǎo qián?)
46. Mi piace molto questo posto - (Wǒ fēicháng xǐhuān zhège dìfāng)

EXTRA

Durante il tuo viaggio in Cina, puoi cambiare le tue banconote in diversi luoghi. Ecco alcuni posti comuni dove puoi farlo:

1. **Banca:** Le banche sono il luogo più affidabile per cambiare valuta straniera. Le banche principali come la Bank of China, la Industrial and Commercial Bank of China (ICBC) e altre banche internazionali hanno filiali nelle principali città cinesi.
2. **Uffici di cambio:** Troverai anche uffici di cambio di valuta, soprattutto nelle zone turistiche e negli aeroporti. Assicurati di verificare il tasso di cambio offerto e le commissioni prima di effettuare il cambio.

3. **ATM:** Puoi prelevare valuta locale direttamente dagli sportelli automatici ATM. Assicurati di contattare la tua banca in anticipo per verificare che la tua carta di debito o di credito funzioni in Cina e per conoscere eventuali spese aggiuntive.
4. **Hotel:** Gli hotel di fascia alta possono offrire servizi di cambio valuta, ma spesso i tassi di cambio non sono i più convenienti.
5. **Aeroporti:** Gli aeroporti internazionali hanno spesso sportelli automatici o uffici di cambio valuta dove puoi cambiare le tue banconote.
6. **Mercati stradali e banchetti:** In alcune zone turistiche o mercati stradali, potresti trovare banchetti o negozi che offrono servizi di cambio valuta. Tuttavia, sii prudente, poiché i tassi di cambio in questi luoghi potrebbero non essere così vantaggiosi.
7. **App di pagamento elettronico:** In Cina, è comune l'uso di app di pagamento elettronico come Alipay e WeChat Pay. Queste app ti consentono di effettuare pagamenti direttamente con il tuo smartphone e possono essere utili per le spese quotidiane. Tuttavia, dovrai collegare un conto bancario cinese o una carta di credito per utilizzare app come queste.

Prima di cambiare denaro, è importante verificare i tassi di cambio, le commissioni e i costi associati al cambio valuta, in modo da ottenere il miglior affare possibile.

Conclusione:

In conclusione, spero che questa "Guida Completa alla Cina" ti sia stata di grande aiuto per pianificare il tuo viaggio in questo affascinante paese. La Cina è una terra ricca di storia, cultura, bellezze naturali e opportunità uniche, e ho cercato di fornirti informazioni dettagliate su tutto ciò che puoi scoprire durante la tua visita.

Ringraziamenti:

Desidero esprimere la mia gratitudine a tutte le persone che hanno contribuito alla creazione di questa guida e a coloro che hanno condiviso le loro conoscenze e esperienze. Un ringraziamento speciale va a chi ha reso possibile la realizzazione di questo libro.

Ringrazio inoltre te, il lettore, per aver scelto questa guida come compagna nel tuo viaggio in Cina. Spero che tu abbia trovato tutte le informazioni di cui avevi bisogno e che il tuo viaggio sia ricco di avventure indimenticabili.

Che tu possa esplorare la Cina con curiosità, rispetto per la cultura locale e uno spirito di avventura. Buon viaggio!

Printed in Great Britain
by Amazon